ふたりで安心して最後まで暮らすための本

同性パートナーとのライフプランと法的書面

永易至文
行政書士／NPO法人パープル・ハンズ事務局長

太郎次郎社
エディタス

はじめに

　2000年代——とくに2010年以後、性的少数者（LGBTとも称される）をめぐって世界的に大きなうねりが起こっています。あいつぐ同性婚の制定、首脳レベルの政治家や有力企業経営者、著名エンターテイナーのカミングアウトや同性挙式、オバマ大統領をはじめ世界の指導層からの擁護的発言……。もちろんプラスの側面だけではなく、ロシアでの反同性愛法やアフリカやイスラム諸国での弾圧・迫害など、苛烈な動きも伝えられますが、国際社会からの囂々たる非難は、同時に人権が進展しつつあることも実感させてくれます。なにより現地の人びとの不屈の闘いが、私たちに勇気を与えてくれます。
　そして世界の動きは、従来のマスメディアの枠を超え、フェイスブックやツイッターなどのSNSを通じて個人のもつ端末にダイレクトに飛びこみ、シェアされています。

　こうした動きに励まされるように、日本も、いま少しずつ、変わろうとしています。変化の根底には、性的少数者である自分を肯定し、自分らしく人生を歩みたいという当事者の願いや行動への勇気があります。そのなかには、海外のような同性婚法制がいっさいない日本で、同性パートナーとの暮らしを手探りでつちかっている人びともいます。

　この本には、そうした人びとが、婚姻制度の外でも同性ふたりのパートナーシップを紡ぎながら安心して暮らすために、ぜひ知っておいてほしい知識と情報を収めました。人生の場面を具体的に思い

浮かべ、そのとき・その場面でなにを得てなにを守らなければならないのかを考えたとき、既存の制度や方法で対応できることも意外に多いのです。
　パートナーシップは、婚姻などのように公によって認められる側面とともに、ふたりのあいだでの契約や合意によって自分たちでその内実を形成できる面もあることを、ぜひ知っておいてください。

　この本は、前著『にじ色ライフプランニング入門──ゲイのFPが語る〈暮らし・お金・老後〉』の、同性パートナーシップ向け実践編です。東京都の渋谷区や世田谷区など、行政による同性パートナーシップ公認の動きが注目されるなかで、法的裏づけのある書面の知識と、お金や「老病死」にかかわるライフプランの同性パートナーなりの考え方を紹介しました。
　本編のほか、コラム欄やチェック欄などで、より実践的に同性パートナーシップを考えることができるよう構成しました。とくに巻末の「もしもに備える伝言ノート」は、この種の本でははじめての企画であり、おたがいの実家情報や交友関係をシェアしておくことが、安心できるパートナーシップのための第一歩となるのではないでしょうか。
　また、子どもにカミングアウトされた親たちが抱く不安のなかには、わが子はこれから幸せな人生を送れるのだろうか、というものがあると聞きます。この本をとおして、同性ふたりにも堅実に人生を歩む方法があることを知れば、わが子とそのパートナーを心から

祝福できるのではないでしょうか。

　前著同様、外国人がパートナーである場合、そして同性カップルで子どもをもつ場合については、ふれることができませんでした。外国人パートナーへの配偶者ビザ発給は現状、絶望的であり、また子どもをもち、育てることは本書の1章ですむ話ではないためです。あしからずご了解ください。

　最後に、本書にイラストを提供してくださった田中昭全さんは、香川県三豊市で同性パートナーと暮らすゲイであり、LGBT支援法律家ネットワークがこの7月に日本弁護士連合会へ行なった同性婚人権救済申立の申立人のひとり（一組）です。保守的といわれる「地方」で、ゲイとしての誇りを胸に、家族や地域へカミングアウトし、地元「PROUD」の活動にもかかわる田中さんの素晴らしいイラストで本を飾れたことに、心から感謝します。

2015年秋　永易至文

目次

はじめに ……………………………………………………………………… 3

Chapter 1 ウエディングだけではない、ふたりに必要なこと …… 9

1. おたがいの情報をきちんと共有する ……………………………… 10
   column 災害に備えて ……………………………………………… 11
2. 同性ふたりのライフプランニングを考えよう …………………… 12
3. 法的保障のための書面作成を検討する …………………………… 14
4. 公正証書の意味や効力を理解しておこう ………………………… 18
   column 同性ウエディング ………………………………………… 20

Chapter 2 同性パートナーシップを証明する書面 …… 21

1. 同性間でのパートナーシップ契約書 ……………………………… 22
2. 法的な委任関係をつくる任意後見契約 …………………………… 24
   column 行政による同性パートナーシップ公認 ………………… 28
3. 養子縁組はいちど、専門家に相談して …………………………… 31
   column 「3」で考えるライフプランニング …………………… 34

Chapter 3 お金・不動産・保険、ライフプランニングのコツ …… 37

1. お金は3つに分けて考えよう ……………………………………… 38
   column あんな貯金法、こんな貯金法 …………………………… 39
2. 住宅の購入と賃貸はライフプランにあわせて …………………… 42
3. ふたりでの不動産購入は専門家に相談を ………………………… 44
4. 同性カップルには保険不要論もあり ……………………………… 46
5. 強制加入の社会保険、保障は意外に手厚い ……………………… 48
   column どの専門家に相談する? ………………………………… 52

Chapter 4 性的マイノリティが病気をするとき ……… 55

1. 病気はいつかするもの、という前提で ……… 56
2. パートナーの締め出しは現に起こっている ……… 58
   column 法律や行政は、「家族」をどうとらえているか ……… 60
3. 緊急時に備えるカードや医療意思表示書 ……… 62
   column 医療者はどう考えているか ……… 64
   column HIV陽性がわかった！ どうする？ ……… 67

Chapter 5 老後と万一時の心の準備はしておこう ……… 71

1. 老後のお金と住まい、こう考えては？ ……… 72
2. 介護は地域包括支援センターへ相談 ……… 76
3. 親の介護は、自分たちの老後の予行演習 ……… 78
   column 介護事業者へ、性的マイノリティの研修を実施 ……… 80
4. 高齢期の判断能力低下に備える ……… 82
5. 遺言は残る人へのメッセージ ……… 84
   column エンディングノートを活用しよう ……… 87
6. 死後事務や、葬儀・お墓はどうする？ ……… 88
7. 別れることになったとき ……… 90

この本の著者の活動 ……… 92

【付録】もしもに備える伝言ノート ……… 97

Chapter

1

ウエディングだけではない、ふたりに必要なこと

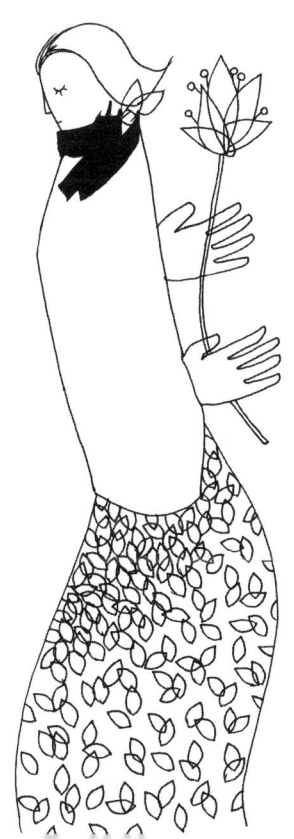

おたがいの情報をきちんと共有する

　ふたりのパートナーシップの開始にあたって、相手につぎのような情報をきちんと伝えておくことを、あるいは伝えるかどうかを検討してみましょう。

- 自分の個人情報や勤め先情報
- 実家や親族などの情報
- 疾病や障害の情報

　マイノリティのコミュニティは不思議なところで、「相方だ」「つきあっている」と言いながら、相手のことをよく知らないことがあります。極端な例ですが、あるゲイは、10年同居していながら、相手から本当の名前を聞いていませんでした（郵便物が違う名前で届いていたので気づいてはいたそうですが）。

　相手の実家の情報を知らないことも、よくあります。男女の結婚のように、披露宴で親類と顔をあわせたりする機会がないせいかもしれません。もちろん親族にカミングアウトしていない、親族と折り合いが悪く連絡をとっていない、ということもあります。

　しかし、事故や危篤、死亡などの場合には、意識がなかったりすでに亡くなったりしている自分のかわりに、パートナーから親族に連絡をとらざるをえないこともあります。このような例がありました。

　本人が外出先で突然死し、パートナーが本人の実家に連絡をとろうとしましたが、その連絡先を知りませんでした。亡くなった本人が会社勤めなら、会社に実家情報を提出している可能性が高いですが、本人は当時フリーランスの仕事でそれもありません。パートナーはようやく本人が以前勤めていた会社を思い出し、そこを探し当て、先方に事情を話して、なんとか実家の連絡先を教えてもらったそうです。

　巻末の「もしもに備える伝言ノート」で親族情報を整理し、カミングアウ

> **information** 　**災害時は携帯ラジオ**
> テレビは停電、スマホのラジコは落ちっぱなし。災害時の情報にはぜひラジオを。AMだけなら千円で買えます。

トの有無、連絡するさいの注意点なども記入しておきましょう。あわせて勤め先、友人関係や連絡先情報なども整理しておきましょう。

---

column　災害に備えて

　近年、日本は千年ぶりに大きな災害発生期に入っているといわれます（天変地異が続いた平安時代以来とも）。首都直下地震、太平洋岸の東南海トラフ地震などへの警戒も呼びかけられています。

　大災害が発生したときは、交通や通信（電話やネット）が遮断されます。そうしたとき、おたがいがどうやって連絡をとるか、安否を確認するか、決めておきましょう。

　たとえば、こんなことができます。

- NTTの災害伝言ダイヤルの使い方を理解しておく。
- 勤務先の大災害発生時の対応の情報（会社待機など）を共有しておく。
- 勤務先からの徒歩帰宅ルートや途中の避難所・補給所の情報収集。
- 勤務先へのスニーカーや自分用食料・水、携帯ラジオの備え置き（震災関連の1月、3月、9月などに点検や入れ替え）。
- 自宅のある自治体の災害時対応、周辺の避難所の把握。
- 自宅での食料や水、トイレットペーパーの備蓄、家具の固定、ベッド下へのスニーカーやスリッパの備え置き。
- 親族との連絡のとり方の確認。

　また、HIV陽性をはじめ持病で継続的服薬をしている人は、つねに1か月分以上の薬のストックがあるよう、受診日を工夫しておくとよいでしょう。

　ちなみにツイッターなどの出どころ不明の情報を安易に信用したり、リツイートしたりしないことも大切です。

同性ふたりのライフプランニングを考えよう

　パートナーシップ、ふたりの人生が始まります。これからなにが起こるのか……。
　男女のカップルであれば、会社や学校の先輩、なにより両親という身近なモデルがいます。「家の購入」「保険」「子どもが生まれたら」……。しかし、同性ふたりにそうしたロールモデルは当てはまりません。

　20代、30代は、まだまだ勉学や仕事、もちろん遊びにも忙しく、長い人生を考えることは難しいかもしれません。子の教育費の必要がなく、可処分所得が高いぶん、貯蓄計画やライフプランを考えていかないと、つい浪費してしまうおそれもあります。

　40代、50代は、仕事も多忙をきわめる時期です。会社を辞め、独立・起業をする人もいるかもしれません。住宅問題は、購入するのか賃貸を続けるのか、購入するならローンの返済からいってこのへんが年齢的に限度でしょう。また、ふたりでお金を出しあって購入する場合、名義や相続の問題も検討事項となります。
　不動産のつぎに大きな買物といわれる保険にも、見直しが求められます。若いころ、なんとなく入ってしまった保険と現在の自分とに、いろいろニーズのずれがあるかもしれません。
　さらにこの時期、親の介護があるかもしれません。そして親の死とその後の相続も、きょうだいとの関係もからんで、中年期の大仕事です。
　その一方、自身の健康についても気がかりの増える時期です。発病、入院・療養、それによる突然の収入途絶を経験するかもしれません。
　男女の結婚でもそうですが、この時期、ある種の倦怠期を迎え、関係性が変化したり、メンタル不調を発症したり、ゲイのなかにはHIV感染がわかった人もいるかもしれません。

> **information** | **セクマイ人生の3大難問**
> お金は続くのか、故郷の老親どうする、子のない自分の老後。同性カップルも死別後はおひとりさまの老後です。

　そして迎える**60代**、**70代**の時期です。

　仕事をリタイアし、収入がなくなったあとの、いわゆる老後の資金計画や、介護を視野に入れた居住計画について考える必要があります。健康維持にはますます注意が必要です。自身やパートナーの介護、入院・療養時に、病院や介護施設における対応はどうなのか、気になるところです。

　そしていよいよ旅立ったあとも、こちらの世界では葬儀や相続、死後の片付けやお墓という問題が残っています。残されたパートナーは、それを家族と同様の立場で行なうことができるのでしょうか……。

　こうしたさまざまな人生上の課題にたいし、同性ふたりは、両親や結婚した友人らをモデルケースとできないなかで、取り組まなければならないわけです。

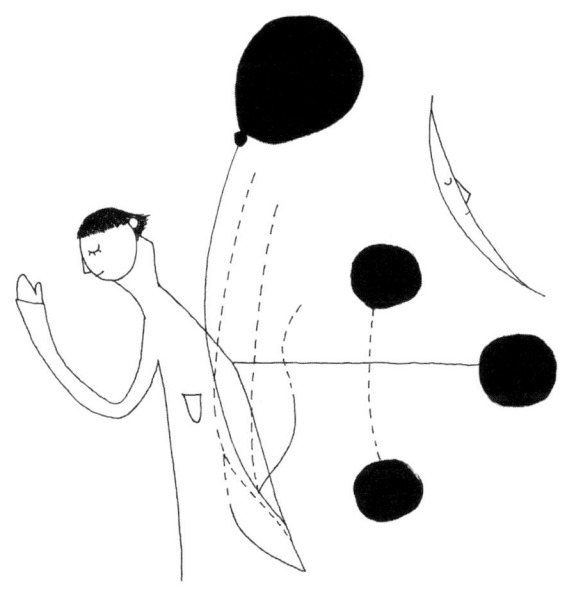

1 | ウエディングだけではない、ふたりに必要なこと

❸ 法的保障のための書面作成を検討する

　こうした人生上のさまざまな事態をふたりで乗り越えていこうとしたとき、社会ではまだ同性ふたりのパートナーシップへの理解が乏しく、せいぜい同居する友人としか見なされないのが現実です。ひどい例では、同居パートナーが突然死したとき、警察からふたりの関係を理解してもらえず、もう一方が被疑者扱いされた話もあります。

　たとえ同性パートナーシップに理解がある相手でも、法的問題が関係すると、法的根拠がないことを理由に対応を拒まれることがあります。銀行など財産管理にかかわる場面、介護や医療など個人情報や契約にかかわる場面、そして死やその後の相続にかかわる場面などが代表的です。

　しかし、現代は**自己決定が尊重**される時代であり、自分の代理人としてパートナーに権限を与え、それを**書面などで第三者にも提示**できるかたちにしておくことで、本人の自己決定を尊重し、周囲の人もそれに従うような効果が期待できます。

　また、いくつかの書面は法律に規定があり、第三者に対する効力も規定されています。さらにそれを公証人が作成する公文書である**公正証書**（18ページ参照）にしておくことで、いっそうの法的効力を期待することもできます。公正証書で作成することが法律で決まっている書面もあります。

　同性ふたりのどういった場面で、どういう書面が効果があるのか、かんたんに紹介しましょう。

☞ **パートナーが倒れた！　面会したり医療者から説明が聞ける？**
　医療に関する意思表示書　パートナーに病院での面会権を与えたい、医療者は治療方針をパートナーに説明してその意向を尊重してほしい、などの内容を明記した書面をあらかじめパートナーに託しておきます。本人が意識不明などで意思表示ができない場合、パートナーは「本人の意思はこうである」と書面を提示し、面会や自分への医療説明を医療関係者に求めることが

> information 🖙 ｜｜ **尊厳死宣言**
> 医療意思には、不治の状態には無用な延命措置を拒否するなど、いわゆる尊厳死宣言を加えることもあります。

できます。同時に、緊急時にパートナーに自分の情報が伝わるように、財布などに入れて**緊急連絡先カード**を携行しておくことも大切です（4章にくわしい）。

🖙 パートナーの判断能力が低下。財産管理や契約の代理はどうする？

任意後見契約　認知症や植物状態などで恒常的に判断能力が失われた人にキーパーソンをつけて、財産管理や契約の代理をする制度があります（成年後見制度）。このキーパーソンを、あらかじめ自分で指定しておくことができるのが任意後見契約です。本来は老後の認知症などに備えて行なうものですが、おたがいに任意後見人になる契約をしておくことは、ふたりのあいだに法律にもとづく一種のパートナーシップがあることにもなります。実際に判断能力が衰えたときは、裁判所への申し立てを経てこの契約を発効させてパートナーが正式に後見人となり、本人の財産管理や契約の代理をします（2章にくわしい）。

渋谷区で条例化されたパートナーシップ証明（28ページも参照）では、この契約をしていることが証明書発行の要件となっています。

🖙 自分が亡くなったとき、パートナーに財産を引き継ぎたい

遺言　法定相続がない同性パートナー間で、財産や事業を引き継ぐためには必須の書面です。民法に規定があり、それからはずれた不適法な遺言は無効となるので、遺言の作成には正確な知識が必要です。ふたりでお金を出しあって不動産を買ったときなどは、名義者の万一に備えて遺言を作成しておくことが大切です。遺言ではほかに祭祀主宰者（喪主）の指定、生命保険金の受取人の変更などもできます（5章にくわしい）。

また、亡くなったあとの片付けについても、**死後事務委任契約**の書面を作成しておけば、なお安心です。

ふたりのパートナーシップを対外的に明示したい

同性パートナーシップ合意契約書　男女の夫婦などで最近とりかわす例もある婚姻契約書の同性カップル版。ふたりの共同生活上の合意事項をまとめておきます。女性カップルなどでは連れ子への養育協力なども盛り込み、第三者にたいして双方が保護者であることを示すこともできるかもしれません（幼稚園や病院での送り迎えなどにも活用できるでしょう）（2章にくわしい）。

こうした書面を人生の流れに応じて配置したのが、下の表です。
よく、同性婚がないために同性カップルは（法律婚の男女に比して）これこれのことができない、という嘆きを聞くことがあります。しかし、こうして書面を作成することで、実質的に婚姻と同様の内実を得ることができるのも確かなのです。

人生の急所を守る！同性カップルに必要な書面

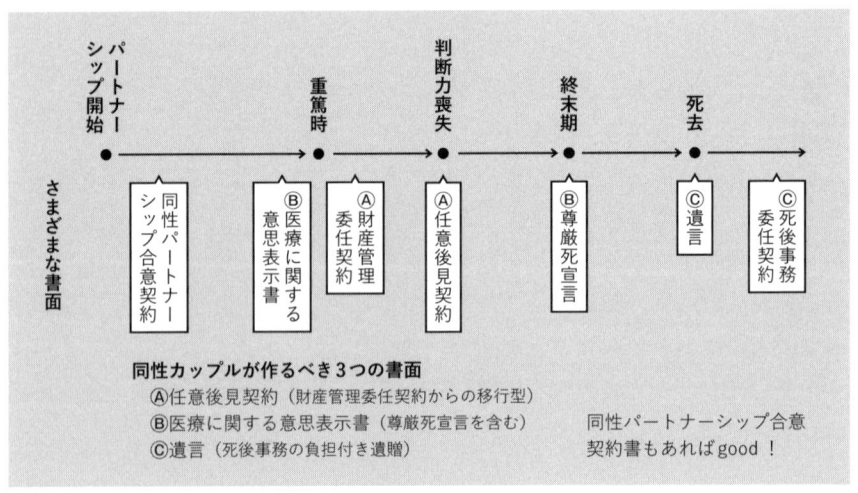

同性カップルが作るべき3つの書面
Ⓐ任意後見契約（財産管理委任契約からの移行型）
Ⓑ医療に関する意思表示書（尊厳死宣言を含む）
Ⓒ遺言（死後事務の負担付き遺贈）

同性パートナーシップ合意契約書もあればgood！

> **information** ☞ **財産管理や契約の代理**
> これらの法律行為は、夫婦でも勝手には行なえず、銀行窓口などでも本人確認や委任状の提示が求められます。

　ずいぶんたくさんの書面があるように見えますが、Ⓐ内容がほとんど同じである**財産管理委任契約**と**任意後見契約**は、移行型として一緒に作り（恒常的に判断能力が失わる段階になったら任意後見に切り替える）、Ⓑ**医療に関する意思表示書**のなかに**尊厳死宣言**（終末期の意思）も入れておき、Ⓒ**死後事務委任契約**は、片付けをするかわりに財産をあげるという**負担付き遺贈の遺言**にまとめれば、3本の書面でふたりのパートナーシップを夫婦と同様のものに近づけることができます。

同性カップル、こんなときどうなる？　こんなときどうする？

	現状	対策例
社会的な認知	ふうふと認知されない	結婚式やあいさつ状など
ふうふ間の権利・義務	民法規定の適用外	同性パートナーシップ合意契約書
病院などでの面会、看護	個人情報保護で排除 ※「家族」も法律上は第三者	医療に関する意思表示書
銀行や契約などの対応	勝手に行なえない ※男女夫婦でも委任状などがないと不可	財産管理委任契約 任意後見契約（判断能力喪失後）
賃貸住宅での対応	同性ふたりは拒否されがち	理解ある不動産屋の情報を収集 URにはハウスシェア制度あり
共同ローン、不動産の共有	ほぼ不可 ※夫婦共有名義不動産に抵当ローンあり	買わないのも一策
生命保険の受取人指定	2親等以内に限る ※かんぽ生命は指定が可能	入らないのも一策
相続、死後の片付けなど	法定相続はない	遺言、死後事務委任契約
税制	配偶者控除などはない	原則、共働きは関係なし
社会保険の扶養	被扶養扱いはない	原則、共働きは関係なし

公正証書の意味や効力を理解しておこう

☞ 公証人が作成した書面は公文書として扱われる

　前節で、公証人や公正証書という言葉が出てきました。

　公証人とは、明治期にフランスの制度をまねて導入されたもので、当時は「証書人」といいました。役場に詰めて、売買や借金などの重要な書類を点検し、奥印を押し、それが真正なものであることを証明するのが仕事でした。

　同時期に制定された「代言人」はいまの弁護士、「代書人」はいまの司法書士や行政書士にあたります。

　公証人は裁判官や検察官などを30年以上務めたOBが試験を受け、法務大臣が任命する公務員で、全国に300か所ほどある公証役場に所属して執務しています。身分は公務員ですが、依頼人からの手数料を収入とする独立採算制がとられています。

　その公証人が作成した書面が、**公正証書**です。公正証書という名前の文書があるわけではありません。公証人に作ってもらった遺言は**遺言公正証書**、パートナーシップ合意契約書は**パートナーシップ合意契約公正証書**と呼びます。

　これらの公正証書は公文書として扱われ、公務員ではない人（弁護士や行政書士も含む）が作成した私文書よりも信頼性が高く、裁判などでも証拠としての能力が高いとされます。また、作成した証書は、原本が公証役場に保管され、本人には正本や謄本が渡されます。紛失しても再発行してもらえ、遺族が照会することも可能です。

　公正証書の作成料は、基本作成料が11,000円で、書面に記載される金額（たとえば契約額や遺産額など）やさまざまな条件によって、加算されていきます。個々の書面の作成にどれぐらいの手数料がかかるかは、本書でもそのつど紹介していきます。

information ☞	執行認諾文言付き公正証書
	この公正証書で作成した借用書なら、返済がない場合に裁判を経ずに相手の給料を差し押さえたりすることもできます。公正証書の高い証拠能力の一例です。

☞ 事情に通じた専門家を活用するのも一策

　公証役場は全国各地にありますから、最寄りの公証役場で公証人に相談し、必要な証書を作成してもらうことができます。

　ただ、裁判官や検事のOBである公証人は、高齢男性が多く、一般に考えが保守的ともいわれます。公証人は裁判官と同様、独立して業務を行ないますので、性的マイノリティの情況への理解度・共感度は人それぞれです。同性カップルの関係を「公序良俗に反する（民法90条違反）」と言って断った公証人がいた、と最近も聞いたことがあります。

　また、公正証書を作るのは、私たちにとってはライフプラン上の一大事ですが、公証人にとっては数ある依頼のひとつであり、かつ、引き受けてくれたとしても、かならずしも性的マイノリティの実情に通じているわけではないので、その説明や対応が適切でなく、依頼者が十分な満足を得られない場合もあるかもしれません。公証役場は平日の日中のみの業務なので、打ち合わせには仕事を休む不便もあります。

　そういうとき、性的マイノリティの事情に通じた行政書士や弁護士などの法律の専門家が話をうかがい、よくコンサルティングして適切な内容で証書の原稿を作成し、フレンドリーな公証人を探し、そこで公正証書にしてもらうことがあります。専門家への報酬がそのぶんよけいにかかりますが、依頼者のより納得のいくかたちで、かつ便利に、法務サービスを利用することができるのではないでしょうか（証書作成当日の1回は、かならず公証役場へ出かける必要があります）。

column　同性ウエディング

　同性ふたりが求めるのは、書面の作成などで得られる法的な権利だけではありません。自分たちはパートナーなんだということへの社会的承認も重要です。多くの人から承認され、祝福される経験——それはウエディング（結婚式）にまさるものはないでしょう。

　2009年に『同性パートナー生活読本』というQ&A式の本を書いたとき、結婚情報誌に載っている式場やホテル、リゾート施設などに無作為に問い合わせのメールを送ったら、同性の結婚式を受け入れる式場は皆無でした。「これまで経験がない」「付属教会の牧師が教義上、無理だと言っている」「人前式ならやれるかも……」。

　それからわずか5年で、ウエディング業界の風向きは一変したようです。同性のウエディングプロデュースを手がけるベンチャー企業が生まれ、それに促されるように同性のウエディングに取り組む式場やホテルが、多少おずおずとですが、それに続こうとしています。保守的と思われていた宗教者（キリスト教、仏教）のなかにも、積極的にその願いに応えようとする人たちもいます。

　憧れの式場で、憧れの衣装を身にまとい、同性ふたりで愛を誓い、多くの人に祝福される——それはいまや夢ではないのです。もちろんパーティー上手な人なら、式場に大枚払わなくても自分たちで場所を借り、ユニークなイベントをやってしまうかもしれません。

　とはいえ、結婚式で誓ったふたりのパートナーシップには、なんの法律的な裏付けもないことは、当のふたりがいちばん知っていることでしょう。

　また、結婚式はパートナーシップのほんの始まりにすぎません。結婚式のパーティーがお開きになり、客たちが帰り、ふたりきりになったところから、ふたりの本当のパートナーシップは始まるのです。

Chapter 2

同性パートナーシップを証明する書面

同性間でのパートナーシップ契約書

☞ ふたりのあいだでの約束事を文書にする

　最初に紹介する**同性パートナーシップ合意契約書**は、男女の夫婦などで最近作成するケースがみられる婚姻契約書の同性カップル版です。ふたりの共同生活上の合意事項をまとめておくものです。

　ふたりはなぜこの契約を結ぶのか（パートナーシップを結ぶのか）、これからの共同生活で大事にする原則はなにかといったことから、生活場所、家事分担、生活費、おたがいの親族との同居について、そして共同生活を解消するときの話しあいのルール、子どもがいればその扶養の問題、などなどを取り決めます。

　それらをきちんとコトバ（文書）にすることで、ふたりの思いや絆を確かめあうことができるでしょう。自分たちで自由にまとめてもいいし、行政書士や弁護士などに整理してもらい、法律的にも漏れがない文章にしてもらうのもいいでしょう。さらに、それを公証役場で公正証書にしてもらえば、いっそう重みも増すと思います。

　そうして作成した文書を周囲の人にも示すことで、ふたりのあいだにはパートナーシップ関係があるんだということを証明し、理解してもらうことにもなります。また、ふたりのあいだで関係性がピンチに陥ったときも、ふたりの出発点に立ち返り、頭を冷やし、あらためて関係を立て直すためのよりどころにもなるでしょう。

　ただ、公正証書にする場合、日本で同性婚はまだ認められていないので「結婚契約」の名称は使えません。公証人の判断で、「準婚姻契約」とか「同性パートナーシップ契約」という名称になります。

　同性パートナーシップ合意契約書を公正証書にする場合の費用は、基本手数料として11,000円、および、原本と本人らに渡される正本を印刷する紙代（1枚250円）で、合計約1万3〜4千円かかります（行政書士や弁護士に依頼する場合には、その報酬が別に必要となります）。

> **information ☞ 公証人の判断**
> 裁判官と同様、公証人も独立して業務にあたり、同性カップルの関係をどう認めるか判断が分かれるようです。

☞ 第三者への効力を少しでももたせるための工夫

　同性パートナーシップ合意契約書は、法律的に小難しいことを言うと、じつは両人を拘束するものであって、第三者（病院や銀行など）を法的に拘束する力はありません。あくまでふたりのパートナーシップを当事者間で確認し、副次的効果としてそれを第三者にも提示することができるにすぎません。たとえ公正証書であっても、パートナーシップ契約書の「弱点」として、以前から指摘されてきたことです。

　もちろん「すぎない」と言っても、ここまでちゃんと文書を作っているふたりにたいして、「あなたがたは法律的にはしょせん他人どうしでしょ？」と言い放つのは、少し勇気がいるハズですが。

　また、契約書の文言によって、少しでも他者へ影響が及ぶような工夫の余地はあるでしょう。

　たとえば、「病気のときはおたがいちゃんと看護します」とふたりが約束（契約）する「療養看護」という項目を入れることで、「その看護がうまくいくためには、医師も協力して私を病室に入れたり病状説明をしてくれないとダメですよ」と暗に求めることになります。また、一方が死亡したときの所有物の整理、葬儀その他の祭祀をとり行なうための項目を入れることで、本来は死後事務委任契約や遺言でするべきものですが、相手方の親族（法律上の相続人）へのとりあえずの説得材料になる、という面もあります。

法的な委任関係をつくる任意後見契約

☞ 判断能力が低下した人を支える成年後見制度

　もうひとつのパートナーシップ証明になりうる書面は、**任意後見契約**です。
　成人が認知症などで判断能力が低下したとき（高齢でなくても、事故や重病で植物状態という場合もあります）、だれかキーパーソンがついて、本人の財産を管理したり契約を代理したりして、本人の財産や生活を守る仕組みがあります。**成年後見制度**といいます。2000年に介護保険とともに始まった成年後見制度は、医療や介護の場を中心に知られてきているようです。
　成年後見制度では、本人の判断能力が低下したあと、家庭裁判所に申し立てを行ない、後見人を決めてもらいます。後見人は裁判所が職権で決めますし（候補は出せますが）、後見人ができることも法律であらかじめ決まっています。これを**法定後見**といいます。
　それにたいして、自分の判断能力があるうちに、あらかじめ自分でお願いしたい相手と契約し、その代理権の中身も自分で決めておく**任意後見**という制度も作られています。法定後見がレディーメイドなのにたいし、任意後見はオーダーメイドな制度だといえます。
　この任意後見契約を、パートナーどうしでおたがいが委任者／受任者になって結ぼう、というわけなのです。

☞ 相手の財産管理をするには正式な代理権が必要

　任意後見は、本人の判断能力があるうちに、自分が後見人になってほしいと思う人と契約します。そのさい、判断能力の衰えた自分にかわってどんな代理権を与えるのかも取り決めます。自分名義の預金口座の管理や解約、不動産などの処分、医療機関や介護施設への入所・入院手続きなど、財産や契約にかかわることです。いわば「頭の代理」をしてもらうリストです。ちなみに高齢期の「からだの代理」は、介護ヘルパーさんらがやってくれるわけです。

information 📖 | **財産管理委任契約①**

恒常的な判断能力喪失に備える任意後見にたいし、重病時など一時的な事態に対応するための委任契約です。

　任意後見契約は、契約をしただけではまだ有効ではありません。将来、本人の判断能力が実際に低下し、いよいよこの契約を使わなければならないとなったときに、家庭裁判所に任意後見人を監督する人（任意後見監督人）の選任を申し立て、それが選任されたときから有効になります（任意後見監督人は裁判所が指名し、弁護士などがなるようです。お目付役というより、基本的にシロウトである後見人にとってのプロの相談役と思えばよいでしょう）。

　ですからこの契約は、最終的に使わないですめばそのほうがよかったね、という契約でもあります。

　任意後見契約は公正証書で行なうものと法律で決まっており、契約をしたことは、登記といって東京法務局に登録されます（日本中どこで行なった任意後見契約でも、東京法務局へ登記されます）。

　任意後見契約書の作成には、公正証書の基本料である11,000円、原本のほか委任者と受任者に渡される正本、登記のための謄本、合計4冊を印刷する紙代（1枚250円）、そして法務局への登記料で、合計約2万円かかります。カップル双方で作るので約4万円となります（行政書士や弁護士に依頼する場合には、その報酬が別に必要となります）。

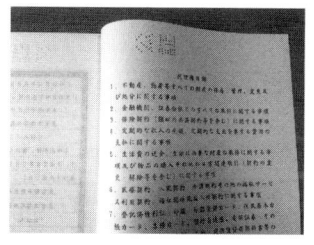

公正証書でパートナーに与えられた財産管理などの代理権の一覧。こうしてきちんと任意後見契約を結んでおくことで、万一のときも安心できる対応がとれます。

2 | 同性パートナーシップを証明する書面　25

ふたりの法的な関係を証明する、現在唯一の制度

　任意後見契約は、認知症などによる判断能力の低下に備えて行なうものです。万一の備えとはいえ、認知症になるかどうかは神のみぞ知る、でしょう。なぜ、使うかどうかもわからない契約書を、手間とお金をかけて作成しておくのでしょうか。

　この契約書は作成後、法務局に登記されます。登記証明書をとることで、ふたりのあいだに法律にもとづく関係があることが証明できます。現在、日本で同性パートナーシップを法的に証明する方法がないなか、任意後見契約はその貴重な方法のひとつだといえるわけです（証明書は、本人などの関係者しか取得できず、他人が勝手にとることはできません）。

　私の事務所で任意後見契約書を作成したゲイカップルがいらっしゃいます。その公正証書を作成後、これは偶然だったのですが、そのおひとりが急な発病で入院・手術することになりました。退院後、つぎのようなご報告をくださいました。

　　急きょ、手術＆入院ということになりましたが、手術に関する同意書は、自分とパートナーのサインで対応ができました。
　　その後、入院に関する一連の確認事項にひとりで答えましたが、彼がパートナーであり、同時に後見人でもあることを伝えました。病院には、「万が一の判断はご親族がするのが望ましい」とも言われましたが、後見人契約もしていることを伝え、納得してもらいました。
　　術後の夕方、彼が面会に来て、医師から直接ふたりで説明を受けました。「このかたは？」と聞かれたときも、「パートナーです」と答え、ふつうにふたりで説明を受けました。
　　任意後見契約を結んでいたことで、不安もなく対応することができ、大変心強かったです。入院も手術も生まれて初めての経験でしたが、今

information ☞	**財産管理委任契約②**
	任意後見契約といっしょに作成し、認知症後は任意後見に切り替える「移行型」での作成がよく行なわれます。

後もなんとかなりそうな自信がつきました。

　こうして契約書を作ることで「今後もなんとかなりそうな自信がつきました」と、この人は言ってくださいました。契約書は、なにもなければ使わないで終わるものですが（そしてそのほうが望ましいわけですが）、こうしてマイノリティの当事者に社会的な自信を与えることもできるのだ、と法律家としても実感した経験でした。

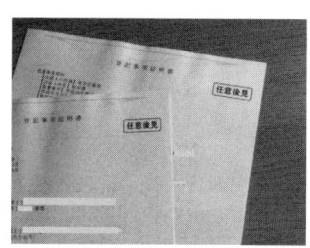

登記証明書で、おたがいのあいだに法律的な関係が存在することが証明されます。

2 | 同性パートナーシップを証明する書面　27

column　行政による同性パートナーシップ公認

区が認定する同性パートナーシップ

　2015年の春、同性カップルにパートナーシップ証明を発行することができると定めた条例が成立し、「すわ、日本でも同性婚開始か？」と大きな反響が巻き起こりました。「渋谷区男女平等及び多様性を尊重する社会を推進する条例」です。

　条文によれば、「パートナーシップ」とは、
「男女の婚姻関係と異ならない程度の実質を備える戸籍上の性別が同一である二者間の社会生活関係をいう」と定義され（2条の（8））、
「区長は、第4条に規定する理念（注：性的少数者の人権の尊重）に基づき、公序良俗に反しない限りにおいて、パートナーシップに関する証明をすることができる」（10条）と定めています。

　この証明を受けるには、
　①相互に任意後見契約を交わして登記をする
　②区規則で定める事項についての合意契約を公正証書でする
が必要です。

　②の合意契約とは、本書で紹介したパートナーシップ合意契約書にあたります。

　その4か月後、東京・世田谷区の保坂展人区長は、宣誓した区内在住の同性カップルをパートナーとして区が認定する取り組みを2015年11月から始めることを発表し、こちらも大きく報じられました。

　この制度は、20歳以上で区内在住の同性カップルが、たがいが人生のパートナーであることの宣誓書に署名し、区がそれに押印して保管、本人へはそのコピーと受領証を交付する、というものです。こちらは条例ではなく、区長裁量による要綱として制定される、とのことです。

法的側面と社会的な側面と

　こうした証明は、いわゆる同性婚なのでしょうか。

渋谷区で条例案が提案されたときから区は、これは婚姻制度とは別ものであり、法的な効果はない、とくり返しています。条例にいう「男女の婚姻関係と異ならない程度の実質」は、あくまで当事者による任意後見契約やパートナーシップ合意契約公正証書の締結によって担保されており、そうしたふたりを区があらためてパートナーであると公認するかたちになっています。

証明を受けるために必要な公正証書の作成に、ある程度の費用が必要なことから、富裕層カップルのみの救済であるなど、さまざまな声があがりました。実際、どのように運営されるのかは規則が未制定で、現在のところ不明です。

一方、世田谷区では宣誓をするのに特別な費用もかからず、その点で渋谷区と好対照をなしています。しかし、法的な効果のない点では変わりません。

国の法律が、同性カップルについてなんらの規定をしていない現状では、自治体が法の範囲を超えて同性カップルに特段の法的効果を付与することはできません。

渋谷では、区営住宅への申し込みが夫婦同様に受け付けられることが少し話題になりました。これは地方分権推進により、公営住宅の入居要件は住宅を運営する自治体の裁量で決めてよいことになったため、まさに公営住宅法という法律が変わったからできたこと。法律が変わっていなければ、たとえ渋谷区の証明があっても、公営住宅の申し込み受付さえ実現しなかったのです。

しかし、形式的なものとはいえ、自治体が同性パートナーシップの存在を公認することで、ひとつには当事者への励ましとなり、またひとつには社会への大きな啓発効果を発揮することは疑いないでしょう。住宅の賃貸や医療での面会場面での理解が促進され、同性カップルが家族扱いされないことによる不便が解消されるのではないかと期待されています。

企業も変わりはじめた

このかん渋谷区で条例が審議されていたときには、区議会も賛否が分かれるとともに、区役所外で一部の人が「同性婚は国のかたちを破壊する」などと訴える一幕もありました。しかし、世田谷区では区議から、「対象者の適用範囲が狭い」「なぜ条例化しないのか」などもっと区に積極策を求めるような発言があったといいます（朝日新聞）。渋谷から世田谷へ4か月。この短期間で、

社会の同性カップルへのタブー感が一気に崩れ、免疫がついたかのようです。

　企業のなかには、こうした自治体の証明書があれば、同性カップルを婚姻相当と扱い、割引サービスなどを適用すると発表するところも出始めました。携帯電話などの通信事業を扱う3社のうち、ソフトバンクは以前から住民票などで同一住所が確認できれば同性・異性にかかわらず家族割を適用していましたが、7月、KDDIとNTTドコモも、地方自治体の証明があれば同性カップルにも家族割を適用すると発表しています。

　さらに、自治体の証明があれば同性カップルにも結婚祝い金や休暇を与えるよう、社内制度を改める国内系企業も出始めました。こうした取り組みは一部の外資系企業では聞かれましたが、国内企業でも今後どう広まるか、注目されます。

　私も仕事がら、ときどきこの証明についてご質問をいただきます。私自身はいつも、「証明書の取得だけを目的としても意味はない（それ自体にはなんら法的効果はないわけですし）。しかし、これをふたりのパートナーシップやライフプランをじっくり考えるよき機会としていただきたい」と答えています。

　その過程で、本書で紹介したような書面を作成し、結果として証明取得の要件が整ったなら、証明も申請すればいいと思います。

　また、パートナーシップを考えることは、渋谷区や世田谷区以外であっても、だれにも必要なことだと思います。本書もそのためのヒント集のつもりで執筆しています。

❸ 養子縁組はいちど、専門家に相談して

☞ 届出1枚で親子関係になれる

　日本に同性婚制度はありませんが、ここまでに述べたように、複数の書面を作成することで、ふたりのあいだのパートナーシップに関する意思を外部に示し、婚姻者に近い法的な内実を得ることが可能です。

　一方、日本では双方が成年であれば、自由に**養子縁組**できます。いま、どうしてもパートナーシップを法的なものにする必要があるなら、書面作成のほかに、養子縁組も現実的な選択のひとつだとはいえます。

　養子縁組をするには、必要書類をそろえて役場の戸籍窓口で養子縁組の届出をします。養親はかならず成人（20歳以上）であることが必要で、年上を養子とすることはできません。届出には成人2名の証人が必要です。

　養子縁組を解消するときは、離縁ができます。離縁について話しあいがこじれた場合は、家庭裁判所に申し立てて調停を行なうことができます。

　パートナーシップを親子関係にすることに抵抗感をもつ人もいます。さらに現民法は、養親子の関係にあったものは離縁をして親族関係を終了したあとでも婚姻することができないと規定しています（民法736条）。ただ、同性婚制度ができたときは、養子縁組無効確認の裁判を起こせばよいのではないかと思います。

☞ 家族扱いしてもらえるメリット

　ここであらためて、養子縁組のメリットを整理しておきましょう。

　養子縁組すると、税金や社会保険においてすべて家族（親子）として取り扱われます。たとえば、収入がない（少ない）側を扶養家族として税金の扶養控除を受けたり、会社の健康保険で被扶養者としたり、厚生年金から遺族年金などを受給したりすることができます。

　「家族（親族）」を条件とするサービスや商品を購入することもできます。パートナーを生命保険金の受け取り人に指定できたり、携帯電話その他の家

族割も購入（申し込み）できます。自治体の公営住宅への申し込みも受理されるし（当選できるかはわかりませんが）、民間賃貸住宅での同居もスムーズに契約できるでしょう。共同名義の住宅ローン（親子名義）も組める可能性が高い。

　また医療や介護などの場面で、保護者として、あるいは意思決定の代行者として見なされます。すなわち、医療現場での看護（面会）や病状説明での同席、本人重篤時のキーパーソンとして、医療者や介護者などの理解が得られやすい。ただし、認知症や植物状態など本人の判断能力が失われたときの法律行為（財産処分や契約など）の代理は、家族（親子）だからといって無条件にできるわけではありません。1親等（親子はおたがいに1親等）の親族として家裁に法定後見を申し立てて後見人となるか、あらかじめ両人間で委任契約や任意後見契約を交わしておくことが必要です（後見制度については24ページを参照してください）。

　一方が死亡した場合は、法的な親族として相続が発生します。遺言がなく突然亡くなることがあっても、法定相続人として本人名義のマンションなどの財産を引き継ぐことができます。

☞「偽装親子」への厳しい目？

　一見、万能のような養子縁組ですが、めんどうなこともあります。

　縁組すると、養子は養親の氏を称します。パスポートや健康保険証、銀行その他の届けなど、さまざまな公私にわたる書類・届けの苗字の変更を余儀なくされます。当然、勤め先などにも告知が必要でしょう。

　近年、養子縁組が悪用される事例があり（ネームロンダリングして携帯や銀行口座を開設→転売など悪用）、不自然に年齢の近い養子縁組は窓口で確認するよう法務省が通達したり、窓口での確認を義務づける条例を定めた自治体もあります。むしろ、そのさいには自分たちは同性カップルであり、現

> **information** ▶ **養子縁組と分籍**
> 誕生時のまま親の戸籍にいる人は、戸籍上の独立（分籍）をしてから養子縁組をすると、もとの戸籍謄本をとっても自分が養子縁組したことが直接にはわかりません。

行法上この方法しかない、と開き直ってみる（？）ことが有効かもしれません。同性カップルであることはなんら違法ではなく、担当者に悪用でないことがわかればいいのですから。

とはいえ、本来の目的（親子関係の創出）とは別の目的で制度を使うことが、いざというときに争いのタネとなる可能性は、皆無とはいえません。養親が亡くなった場合、養子にはすべての相続権がありますが、突然現れた養子をまえに、養親側の親族とトラブルにならないともかぎりません。また、生命保険金の支払い時に保険会社が疑いをもつ可能性も、なきにしもあらずです（担当者などに事前に説明し、場合によってはカムアウトも大切）。

また、養子側がさきに亡くなる「逆縁」もありえます。その場合、養子自身の財産の相続人は、養親（つまりパートナー）と元の父母（実父母）となり、その権利は均等です。相続手続きを進めるさいは、その実父母と交渉する必要があり、親族が養子縁組の事実を知らない場合は困難な事態の発生も予想されます。それぞれの父母が存命の場合の、万一時のシミュレーションも大切です。

諸外国に比して日本ではかんたんにできる養子縁組ですが、事前に同性カップルの事情に理解のある法的な専門家に相談してみることも必要でしょう。

column 「3」で考えるライフプランニング

　私は性的マイノリティのライフプランニングのコツを、よく「3」でまとめてお話しします。

【性的マイノリティの3大難問】「お金は続くのか」「故郷においてきた老親どうする」「子のない自分の老後はどうなる」。みんな悩んでいます。ご一緒に考えていきましょう。

【人生の3大資金】「住宅」「子育て」「老後」資金。ただし、子育て資金は多くの性的マイノリティにとっては不要でしょう。そのぶんの余裕を上手に活用しましょう。

【3つに分けるお金】「暮らすためのお金」「楽しむためのお金」「取りのけておくお金」。くわしくは次章でご紹介しますが、まず取りのけて、残ったお金の範囲内でのやりくりを。

【書くべき3つの書面】「医療に関する意思表示書」「任意後見契約」「遺言」。同性婚などの法制度がない日本ですが、自己決定と書面による外部への意思表示で、婚姻と同様の内実を得ることができます。個々の書面については、本書の該当項目をご参照ください。

【もつべき3つの相談相手】「身体（かかりつけ医）」「お金（保険の担当者やFP）」「法律（弁護士や行政書士）」の相談相手。ただし、いずれもご自身の状況（結婚しない・子どもはもたないとか、法律上認められていない同性パートナーがいるなど）をふまえて相談できる人を見つけておきましょう。

【気をつけておきたい親の3つの情報】「親の健康状態」「介護や葬儀についての意向」「遺産になりそうな財産」。健康状態は帰省のおりなどに話したり観察したりしてみましょう。家屋内の転びそうなところなどもチェックです。介護については、いちど地元の地域包括支援センターなどを訪れ、あいさつかたが

た地元の介護施設や行政の介護サービスの有無・種類など情報を聞いてみるのもよいでしょう。介護やその後の葬儀についての意向、財産整理についても、話し合う機会があればいいですが、「エンディングノート」などを渡して、これに整理しておいてもらえると子どもとしてとても助かるのだけれど、と伝えてみるのはどうでしょうか。万が一のときだれに知らせたらよいのか、子どもとしても知らない親の交友関係などは重要な情報です。

【駆けつけあえる3人のご近所さん】同じマンション内に、あるいは自転車で3分の距離に、緊急時に駆けつけられる人がいたら、どんなに安心でしょう（とくにひとり暮らしの場合）。カギの預け合いや、ツイッターで朝晩つぶやく約束をしておくなど、SNSなどを上手に活用した安否確認なども考えてみましょう。

【通じておくべき3つの地域事情】買物事情（地元で買えるいいものやスーパーの宅配サービスなど、意外とお得情報も）、医療・福祉事情（かかりつけ医や地域包括支援センター）、政治家の事情（陳情や行政への仲介）。とくに地元の議員を知っておくと、行政と掛け合うときにも相談に乗ってくれたりします。選挙のときにアンケートやSNSで性的マイノリティにフレンドリーかどうか質問などし、よい回答をくれた人には当選後、事務所を訪ねてみるのはいかがでしょうか。

Chapter
3

お金・不動産・保険、ライフプランニングのコツ

1 お金は3つに分けて考えよう

　ふたりで暮らしていくにも、まずはそれぞれが「お金」の面で自立していることが大切ですね。お金のやりくりで最大のポイントは、「入るを量り、出るを制する」——入ってくるものを増やし、出ていくものを抑える、です。入ってくるものを増やすことは難しい昨今ですが、自分が毎月、どれだけ使っているか（いくらあれば暮らせるのか）、意識してみることは大事ですね。
　お金は3つに分けて考えるとよい、といいます。「暮らすためのお金」「楽しむためのお金」「手をつけず取りのけておくお金」ですね。

　暮らすためのお金は、家賃やローン、食費、水道光熱費、電話・通信費など、いわば必要経費。子がいない性的マイノリティにとって、ペット費も「家族」のための必要経費でしょうか。一度、家計簿をつけてみるといいですね。細かい使途はいいからレシートの数字だけを記録するのでもOK。自分が毎月最低どのくらいあれば暮らせるか、把握しておくのが大事です。
　楽しむためのお金は、飲み会やバー代、旅行やレジャー、習い事やジム……。せっかくの人生、しっかり楽しもう！　ただし収入全体のどのくらいをそれにあてるかは、よく見通しましょう。
　最後は、**取りのけておくお金**——貯金や保険です。病気など万一のとき、そして仕事をリタイアして収入がなくなった老後に備えておくためのお金です。株などの投資運用にくわしい人もいるでしょうが、若い人は、取りのけておく方法はまずは積み立て、つまり貯金をベースにしてみましょう。
　会社に**財形貯蓄**があるなら、給与天引きで強制的に貯めるのがいちばんラク。住宅を買うための財形住宅貯蓄や、老後の個人年金の掛け金として天引きされる場合は、一定額の元本の利子が無利息になったり、それを担保にローンを借りたりできるメリットもあります。
　財形がない職場でも、給料日に**自動振替で定期貯金**。毎月3万円、2回のボーナス時に7万円で年50万円の貯金を、40歳から20年続けたら、60歳の

> **information** 🖎 **カードをもたない暮らし**
> なにかと便利なカードですが、支出感が薄れて意外に無駄遣いにも。カードのない生活、思い出してみては？

退職時には1千万円＋利息になっている計算です。貯金ができないという人も、退職時にまずはこれだけの貯金があれば、そのあとは再就職や嘱託・アルバイト、そしていくらかの年金で、どうにかならないでしょうか？

　大事なのは、取りのけたお金ははじめからなかったものと思い、収入の範囲で暮らすこと（クレジットを含む借金をしないのも大事）。暮らせないなら生活をダウンサイズすること。ヤマもオチもない話ですが、個人も国家も、結局これしかないのでは？

---

column　あんな貯金法、こんな貯金法

【もうひとつの財布】 自動振替の定期貯金であれ、趣味的副業の収入であれ、別通帳に貯めておき、手をつけない。

【ゲーム感覚で】 主婦雑誌などを参考に。なにかしたつもりでそのぶんを「つもり貯金」、生活費を現金で下ろして費目別に分ける「封筒管理法」など、楽しんでやってみては？

【専門家による家計分析】 支出の見直しに効果があります。そのさいは自分のライフスタイル（異性と結婚はしないなど）をきちんと伝えて分析してもらうことが大事です。LGBTやおひとりさまに強いことをPRしているFP（ファイナンシャル・プランナー）などもいらっしゃいます。

【禁煙と減量】 え、こんなことが貯金になるの？　とお思いでしょうか。タバコはいまや1箱400円以上。禁煙は支出を抑制し、将来の医療費を削減します。また、減量による成人病体質からの脱出も、将来の医療費を削減します。万一に備えて医療保険に入るより、病気をしないよう努めることが先決です。

☑ CHECKしてみましょう

☐　ご自分の支出の内容を把握していますか？（つぎの費目も参考にしてみてください）
　　いくらあれば、毎月暮らせますか？

食費	円	会食、バーでの支出など	円
住居費（ローン、家賃）	円	習い事	円
水道光熱費	円	ジム（会費、サプリなど）	円
通信費（電話など）	円	お小遣い、趣味など	円
交通費	円		円
新聞図書費	円		
服飾・衣服費（洗濯含む）	円		円
医療費	円	住民税、社会保険料	円
ペット費	円	ローン・債務返済	円
理容・美容費	円	貯蓄	円
自動車関係費	円	保険	円

☐　現在の支出を３つのお金に分けると、そのバランスはどうですか？

　　①暮らすためのお金　　約＿＿＿＿＿＿円／月　＿＿＿＿＿＿％

　　②楽しむためのお金　　約＿＿＿＿＿＿円／月　＿＿＿＿＿＿％

　　③取りのけておくお金　約＿＿＿＿＿＿円／月　＿＿＿＿＿＿％

☐　貯蓄についてどう考えていますか？

＿＿＿＿＿＿＿＿＿＿＿＿＿＿＿＿＿＿＿＿＿＿＿＿＿＿＿＿＿＿＿＿＿＿＿＿

☐　負債はありますか？　返済については、どのようにしていますか？

＿＿＿＿＿＿＿＿＿＿＿＿＿＿＿＿＿＿＿＿＿＿＿＿＿＿＿＿＿＿＿＿＿＿＿＿

☐ ご自身の純資産を把握してみましょう。（＿＿＿＿年＿＿＿月現在）

資産の部

金融資産	普通預金	円
	定期預貯金	円
	財形貯蓄	円
	株式、国債、投資信託など※	円
	保険積立金（解約、返戻金など）※	円
	債権（他人に貸したお金、敷金など）	円
		円
所有物	自宅※	円
	車※	円
	その他の価値ある動産	円
		円
資産合計		円

※は、いずれも、いま売ったり解約したりした場合の金額を記入します。

負債の部（さまざまなローンの残高）

	住宅ローン	円
	学費・奨学金など	円
		円
		円
負債合計		円

資産合計 − 負債合計 ＝ 純資産（＿＿＿＿＿＿＿円）

❷ 住宅の購入と賃貸はライフプランにあわせて

☞ 購入も賃貸も、生涯住宅費用はほぼ同じ

　住まいについては購入と賃貸、どっちがおトクかは、永遠の課題かもしれませんね。子育てがない人の住宅を考えた場合、1～2人向き住宅なら、購入してもローンの利子や固定資産税、修繕積み立てや管理費などを合わせれば、同様の物件を賃貸しつづけた家賃合計と大差ないでしょう。生涯住宅費用としては、賃貸も購入もほぼ変わらないといえます。

　賃貸はほどほどの負担が一生（死ぬまで）消えない、購入は繰り上げ返済に努めればあとがラク（ただし現役中は負担重）、どちらをとるかはご自身の性格によるかもしれません。

☞ 持つことがリスクとなる場合もある

　購入も賃貸も金額的に差がないとすれば、どちらにもメリット・デメリットがあります。東京オリンピックを控え、都心部では新築ブームですが、あえて購入の「デメリット」をあげると……

- 引っ越せない（心境の変化や近隣トラブルへの対応が難しい）
- 収入状況の変化に対応困難（失業や勤務先の倒産があっても、ローンの返済は続く。低家賃物件への転居ができない）
- 身体状況の変化にも対応困難（高齢ひとり暮らしで介護が必要になっても、介護ホームなどへ転居しづらい）
- 持つこと自体のリスク（予想される巨大地震、火山爆発・火山灰などによる被害対応もすべて自己負担となる）

　もちろんその反面、終の住処ができて気持ちが落ちついた、仕事をがんばる励みになった、すでにローンを返しおわって家賃がいらなくなった、自分好みにリノベーションしたなど、「購入」にも同じぐらいメリットはあります。ペットも賃貸では難しい場合があるでしょうか。

　現役時代は賃貸を続け、老後の生き方が見えたころ中古マンションを退職

> information ☞ **ハウスシェアリング**
> かつてゲイ雑誌の記者として取材した私に、UR広報担当者は同性カップルの入居も予想していると答えました。

金などの即金で安く買う、親の家をもらう、空き家を仲間とシェアハウスにするなど、多彩に考えてみるのも一策ではないでしょうか？

また、高齢者には家を貸してもらえないといわれますが、この超高齢時代、さまざまな支援策がとられつつあります。

☞ パートナーとの同居、URもねらい目

同性ふたりでの賃貸は、若い人のルームシェアへの理解が広がっているようですが、一般に非親族のふたり名義での賃貸は困難だといわれています（中年期以後はなおさら）。そのため、一方の名義で借り、もう一方が居候することがよくあります。契約書にない住み方をしたり住人がいることは、大家との関係でリスクがあるかも、といわれています。

しかし、日本は賃借人の保護が手厚いので、そのことがバレたとしても、通常の使用をし、家賃の滞りもないなら、即解約の事由とはならないと思われます。ただし、名義人が死亡したなどの場合は、居住の継続は難しいでしょう。

もし、ふたり名義での連名の契約ができれば、万一のときにも安心です。現在は借り手市場なので、同性ふたりでも探してくれたり、一部にはLGBTのかた歓迎と謳う不動産屋さんもあるようです。事前に問い合わせてみるとよいでしょう。

UR（都市再生機構、旧住宅公団）は、全国の300余か所の団地に**ハウスシェアリング**を導入しており、非親族どうしでもそれぞれが賃借人になって同居が可能です。部屋の数まで住めるので、3DKなら3人暮らしも可能。URは中堅所得層向け住宅で、かならずしも家賃が安いわけではありませんが、古い団地には安い家賃のものもあります。URは保証人や礼金不要、更新料なしなど、民間にはないメリットも。意外に知らない人が多いのですが、活用してみたい選択肢です。

❸ ふたりでの不動産購入は専門家に相談を

👉 共有名義の購入は困難、法的な事前対策が必須

　自宅を購入する場合、たいてい住宅ローンを組みますね。同性ふたりの場合、夫婦ローンのようなふたりで借りられるものの適用は、まずありません。一方が購入者となり、購入者の名義でローンを組み、その不動産の登記も一方の名前でなされることが多いでしょう。パートナーがローンを半分負担していても、あくまで家の所有権は、購入者おひとりにあることになります。

　仮に、パートナーが頭金をポンと負担した場合、それにみあった共有持分で登記することもできるかもしれませんが（それぞれが2分の1ずつの共有持分など）、配偶者ならともかく法律上関係のない人の持分がついた物件に、銀行はローンを組んではくれないでしょう。
　また、ローンの折半負担分として相手に渡したお金は、税務上どう取り扱われるのか。じつはややこしい。家の半分に住まわせてもらっている賃借料？　対価の対象としての登記がないなら、相手への贈与？　贈与なら年額110万円を超える場合、贈与税の申告が必要（じつは法律婚の夫婦間でも同様）……。名義のないほうがまとまった額の頭金や繰り上げ返済の負担をする場合は、じつは要注意なのです。

　もちろん、不動産の名義人になっている側に万一のことがあったときは、遺言などがなければ名義人の法定相続人（親やきょうだい）に渡ることになります。いままで払っていたお金はもちろん、住む家さえ失う事態にも……。きちんと遺言などを作成しておくことが大切です。
　ふたりがお金を出し、ローンを組んで不動産を購入する場合は、一度専門家などに相談をして、必要な対策を考えておかれることをお勧めします。遺言（公正証書遺言）の作成は、購入経費のひとつだと考えたほうがいいでしょう。

> information ☞ **夫婦ローンの利点**
> 夫婦の年収を合算することで借り入れ可能額が増えたり、年収が低い20代でもローンを組むことができます。

☞ 別れる場合、所有者や清算方法はどうするか？

　さて、最後にちょっと言いにくい話ですが、途中で別れることになった場合、どちらがその家を取得するのかなども、本当は考えておいてほしいことです。

　家をふたりで買ったときは、遺言の作成とともに、別に今後のローンの負担額などを取り決める合意書などを作成し、そこに最終的な所有者についての確認も入れておくのがよいでしょう。

　また、所有権者にならなかったほうは、それまで払った頭金やローンの折半分は、ちゃんと記録をとっておきます。できれば銀行振込で記録が残るようにしたいところですが、たとえ手渡しでもせめて市販の家賃通帳などを使って記録を残しておきましょう。

　もし別れて出ていく場合は、その家でルームシェアをしていたとしての家賃を近隣相場などを参考にして決め、それに同居年（月）数をかけて累計家賃額を出し、これまで払った金額との差額を返金または追加払いなどして清算するとよいでしょう。

❹ 同性カップルには保険不要論もあり

👉 パートナーのために生命保険に入る必要はある？

　ライフプラン相談のなかでも、保険についての質問はもっとも多いもののひとつです。

　保険の代表格は、自分に万一のことがあったとき保険金が支払われる**生命保険**でしょう。パートナーを保険の受取人にしたいというご相談をよく受けます。

　保険会社は受取人を2親等以内の親族に限定しており、パートナーを受取人にした契約を受け付けていません。一部の保険会社でパートナーを受取人にできたなどの話も聞くことがありますが、多くが担当営業パーソンの個人的裁量によるようで、あとで社内審査で契約を差し戻されたり、保険金支払いの段階でもめる恐れがあるかもしれません。

　最近は生命保険信託（銀行などを保険金受取人とし、そこから相手に渡してもらう方法）も話題になっていますが、元来、障害のあるお子さんへ親亡きあとの保険金授与の方法として利用されることが想定されるものであり、また、銀行などに支払う信託報酬はかならずしも安くありません。

　しかし、パートナーも働いて収入がある場合、あなたの死亡によってパートナーが即、生活に困るわけではないので、そもそも保険に入るニーズはないのかもしれません。

　なんらかの事情でパートナーが保険金を受け取れるようにしたい場合、郵便局で申し込む**かんぽ生命**には2親等規定がなく、パートナーを受取人にすることができます。もちろん、契約時に「この受取人はだれですか？」と聞かれるでしょうから、ぜひ「パートナーです」と答えてください。声をあげることでしか、権利は得られないものです。

👉 医療保険や養老保険は必要か？

　入院時などの**任意加入の医療保険**は必要でしょうか。強制加入の公的医療

> **information** 人生で2番目に大きな買い物
>
> 保険の払い込み総額は、不動産購入につぐといわれます。
> 保険の見直しは支出の削減にも効果的です。

　保険には、次ページで紹介するように高額療養費や傷病手当金の制度があり、民間の医療保険に入る必要性は低いかもしれません。

　また、入院時は1日1万円保障といっても、入院日数を減らす政策がとられている現在、保険料にみあうだけの保障といえるかは疑問もあります。病気には早期発見（定期検診）や日ごろからの健康づくり（生活習慣病の予防）で備えるのが、なによりの保険ではないでしょうか。

　老後のための**養老保険**はどうでしょう。かつてほどでなくても、定期預貯金より保険のほうが利率は多少はいいようです。満期まで絶対解約しない自信があるなら、これもよいでしょう。

　しかし、途中解約の場合の返戻金（へんれいきん）は、払った保険料を下回ります。なにがあるかわからない時代、お金はいつでも崩せて、また貯められる、貯金のかたちで持っておくほうが賢明ではないか（たとえ増えなくても、減らさない）、と私は思っています。貯金はつい使ってしまう、保険料として払い、どこか「遠いところ」へ行ってしまえば使わないで貯められるかも……という方もいるでしょうが、これは性格によるかもしれませんね（笑）。

　老後のお金は、これも次項で説明するように、まずは強制加入の**公的年金**をベースに考えてみることをお勧めします。自営業の人で老後のために入る保険を探しているかたは、国民年金基金が税制上も優遇されていておトクでしょう。

　こうして見てくると、「保険」と名のつくもので加入を検討してもよいのは、交通事故や自転車事故、ペットの病気などに備えた**損害保険**でしょう。交通事故などは、安い掛け捨ての共済でいいかもしれません。

　自分のライフスタイルと、入っているあるいは入ろうとしている保険がよく合致しているか、一度冷静に考えてみてはどうでしょうか。

❺ 強制加入の社会保険、保障は意外に手厚い

　保険加入を考えるまえに、強制加入である**社会保険**について、一度その保障内容などを整理しておきましょう。そのうえで足りないものがあるときに、民間の保険加入を検討してはどうでしょうか。
　社会保険とは、公的医療保険、公的年金、労働保険、そして介護保険をいい、加入資格のある人はかならず入る強制加入です。私たちが払う保険料のほかに税金投入や種類によっては事業所負担もあり、民間の保険に比べてじつは手厚い保障があります。

☞ 入院・手術も意外とお金はかからない公的医療保険

　公的医療保険は、会社の人は**健康保険**、公務員などは**共済組合**、自営やフリーの人は**国民健康保険**に分かれており、国民皆保険でかならずどれかの保険に入ることになっています。保障内容には、つぎのものがあります。

【医療給付】病院での医療費が3割負担ですむのはご存じのとおりです（残り7割は保険が負担してくれる）。
【高額療養費】お金がかかると思いがちの入院・手術ですが、仮に100万円かかったとして3割自己負担で30万円。しかし、一般的な所得の場合、月の自己負担が約8万円強を超えると、あとでそのぶんが還付されます（低所得の人はさらに上限額が低くなります）。対象でない食費を含めても、1か月約10万円ですみます。この上限額は、4か月目からは4万円強に引き下げられます。
　月単位の制度なので、月をまたぐことで、限度額を超えないケースもでてくるでしょう。入院時期が選べるなら、月初に入って月末までに退院するのが賢明。
【傷病手当金】健康保険や共済組合の場合は、療養のため休職しても、1年6か月までは給料の3分の2が保険から払われます。なんと所得保障つき保険

> **information** 　**高額療養費の自己負担限度額（例）**
> 標準報酬月額が28万円〜50万円の場合、
> 80,100円＋（総医療費 − 267,000円）× 1％

なのです（国保には、この制度はないのですが……）。

　日本の健康保険って最強。このうえ民間の入院保険に入る意味ってあるの？　という感じです。民間の医療保険に入るより貯金で備える——3か月入院して家賃も払える100万円の貯金だけは用意しておくことを、私はお勧めしています。

冷静に考えると公的年金が得

　とかく不安が口にされる年金ですが、日本は国民皆年金、こちらも強制加入です。勤めている人は**厚生年金**や**共済組合**（公務員など）に入り、それ以外は**国民年金**に入ります。現行制度では、20歳から60歳まで40年間加入を満額として、加入月数に応じて減額され、ただし通算25年以上加入していないと受給資格がありません（執筆時点）。現在は65歳から支給されます。

　国民年金だけで暮らせる額でないのは確かですが、ないはよりまし。勤め時代があって厚生年金が上乗せしてあれば少しはラクですし、死ぬまでもらえる終身保険は、民間では出せない強みです。自営などで国民年金しかない人で上乗せ保険を探しているなら、国民年金基金が社会保険料控除で税金の計算上もおトクです。

　年金は税金が半分投入されているので、払った保険料に比べてもらえる割合が高い。加えて厚生年金は保険料の半分を会社が払ってくれています。

　そして、老後にもらう老齢年金以外にも、途中で障害者になって働けなくなった場合（交通事故やHIVを想起）、障害年金がもらえます。ただし、初診時に年金に加入してないとそもそも対象外です。

社会保険は、会社を辞めたときの手続きが肝心

　社会保険は制度が複雑といわれます。しかし、会社を辞めたときにいくつか自分で手続きすることだけ気をつければ、なにも複雑なことはありません

(逆に会社に入ったときは、総務の人などの指示に従ってください)。

【手続き1】会社を辞めたときは(定年時も)、住所地の役場で国民健康保険に加入する。保険料は前年の収入にもとづいて計算されるので、1年間は無職になったのに高い保険料に苦しむことがありますが、これは仕方なし……。分納などは窓口で相談してみてください(最近は減額措置がとられることもあるようです)。

【手続き2】同じく会社を辞めたときは、年金手帳を持って、住所地の役場(場合によっては年金事務所)で国民年金に加入してください。放っておくと、すでに厚生年金は脱けているので年金未加入(未払い)状態になり、あとで加入年数が足らなくなり痛い思いも。無職になって年金が払えない場合も、免除などの申請をお忘れなく。

【手続き3】留学したり外国へ移住したりする場合、いままで払った年金をムダにしないためにも、かならず年金事務所で相談してください(任意加入ができます)。

【手続き4】若い人で学生納付特例で納付が延期になっている人、延納は10年までです。就職したら最初のボーナスで一気に払ってしまいましょう。

information ☞ **社会保険料控除**
生命保険料控除は年5万円までにたいし、社会保険料は全額を所得から控除でき、そのぶん所得税が安くなる。

☑ CHECKしてみましょう

☐ これまでの就職歴を一度ふり返り、そのとき自分が何年金に入っていたか、チェックしてみましょう。それが毎年の誕生月に届く「ねんきん定期便」の記録と合っているか、照合してみましょう。

年・月 〜 年・月	就職先・就業状態	年金の種別
・ 〜 ・		国・厚・免
・ 〜 ・		国・厚・免
・ 〜 ・		国・厚・免
・ 〜 ・		国・厚・免
・ 〜 ・		国・厚・免
・ 〜 ・		国・厚・免
・ 〜 ・		国・厚・免
・ 〜 ・		国・厚・免
・ 〜 ・		国・厚・免

※国：国民年金　厚：厚生年金・共済組合　免：免除
※「未払い」は就業状態のところに記入してください。

column　どの専門家に相談する？

　ライフプランでは、専門家に相談することも大切ですね。さまざまな○○士、どんなことを業務とし、どう違うのか。整理してみました。

【弁護士】ご存じ、法律家の代名詞的存在で、法律にかかわることならすべて行なうことができます（法律相談と名乗れるのも弁護士だけです）。ほかの職種が、すでに紛争になったことにはかかわれないのにたいし、代理人として相手方と交渉をしたり民事訴訟を行なったり、刑事裁判では弁護を行なったりします。DVやストーカー、多重債務など、すでになんらかのトラブルが発生している場合には、迷わずこちらへ相談します。東京弁護士会ではLGBTのための電話法律相談を実施していますし、ほかの弁護士会でも不定期で電話相談を開催したりしています。ツイッターなどインターネット上で告知があるようです。

【司法書士】法務局（登記所）や裁判所へ提出する書類の作成を代理するのが本来業務で、法人や不動産の登記申請の代理、家裁への法定後見の申し立ての代理、それに関連して法人設立、遺言の作成、後見人の受任なども業務としています。認定司法書士は少額訴訟の代理人業務などにもあたれます（過払い金返還請求が代表的）。

【行政書士】役所へ提出する書類の作成を代理するのが本来業務で、種々の許認可の申請代理、ビザの取次などをします。あわせて「権利義務又は事実証明に関する書類」（行政書士法）を作成できることから、契約書や遺言、合意書、遺産分割協議書、法人定款などの作成、それに関して相続や法人設立の実務なども業務としています。

【社会保険労務士】労働や社会保険関連の役所への提出書類の作成や手続き代理を業務としています。勤務先とのトラブルなどの労働相談、障害年金などに関する相談も、社労士の出番です。

【税理士】税務署へ提出する書類の作成や申告、税務相談、税に関する不服審

査手続きなどを業務としています。自営業の人などの日々の記帳や確定申告、親からの贈与や相続、不動産の売買などの税務申告などで、お世話になるでしょう。

【ファイナンシャル・プランニング技能士】以上の資格が国家試験による国家資格であるのにたいし、ファイナンシャル・プランニング技能士（FP）は法にもとづく技能検定制度の一種で、指定試験機関（一般社団法人金融財政事情研究会およびNPO法人日本ファイナンシャル・プランナーズ協会）が実施する試験（1〜3級）に合格した人をいいます。貯蓄や保険、不動産、相続などライフプランに関してお金の面を中心に相談に乗っています。多くは銀行や保険会社に所属していますが、それらに所属しないいわゆる独立系FPからは、企業の意図に左右されない中立なアドバイスを得られる可能性が高いでしょう。

いずれも性的マイノリティの事情をわかって対応してくれたほうが、アドバイスや業務がより適確でしょう。「性的マイノリティ」や「LGBT」などの言葉を並記してネットで検索などして探すことができます。

Chapter 4

性的マイノリティが病気をするとき

❶ 病気はいつかするもの、という前提で

☞ 予防にまさる治療なし

　ある程度の年齢になると、発病への不安が切実になってきます。友人・知人が入院した、突然死した……。あるいは、人事不省で病院へ担ぎ込まれたらエイズ発症だった、など。人生は生老病死といいます。この章では、性的マイノリティと病気について考えてみましょう。

　予防にまさる治療なし、といいます。発病してから治療を求めるまえに、健康づくりの意味をとらえ直してはどうでしょうか。とくにゲイの人には、つぎのような健康上の課題があると思われます。

【禁煙】エビデンスはないのですが、ゲイは喫煙率が高いという印象を述べる医師もいます。ストレスの多いマイノリティは、つい喫煙に一時のリラックスを求めてしまうのでしょうか。喫煙の害はいうまでもありません。

【減量】「ガチムチ体型」はゲイの一部に人気のあるボディラインですが、過剰に増量し、それを維持する生活は、まさに歩く生活習慣病予備軍といえます。ここに喫煙や過剰な飲酒が加われば、「鬼に金棒」でしょう。

【セーファーセックス】性感染症は予防することができます。仮にHIV感染していても、その後の二重感染防止などセクシュアルヘルスの維持のために、セーファーセックスは必須です。

☞ 発病時の初動対応も重要

　日本人の三大死因である、がん、脳血管疾患（脳梗塞など）、心疾患（心筋梗塞など）には、さまざまなキャンペーンによる情報提供が行なわれています。日ごろから知識をもっておくとともに、会社などでの定期健康診断をかならず受けましょう。自営業・フリーランスの人は定期健診を怠りがちですが、加入している国民健康保険の健診を活用しましょう。

　発病時は、症状の察知と機敏な医療機関への受診（救急車の要請など）が大切です。脳梗塞などは受診の遅れが死命を分かつときがあります。受診す

information 👉 **女性と病気**
子宮頸がんや乳がんは、検診で発見できる病気です。定期健診で早期発見、早期治療に努めましょう。

べきかわからないときは、東京消防庁救急相談センターが電話♯7119で相談を受け付けています（24時間、無休）。都内は救急病院の紹介もしてくれますが、相談だけなら都外からも受け付けてくれるそうです。

👉 かかりつけ医をもとう

日ごろから受診したり相談したりできるかかりつけ医を決めておくと安心です。カルテの記載で過去との比較もできます。国保の人は、健康診断なども同じ病院で受けつづけるとよいでしょう。

重篤なときは、近隣ではどういうところへ紹介してもらえるのかも聞いておくとよいでしょう（はじめから救急車を呼ぶと、遠方の病院へ連れていかれる場合もあります）。夜間の救急外来は近所ではどこへ行けばいいのかも、教えておいてもらいましょう。

👉 ひとりでの発病

なにか調子がおかしいとき、隣にだれかいると、その人が背中を押して救急車を呼んだりしてくれるものですが、ひとりではつい「苦しいけど、朝まで様子を見てみよう」ということも。そういうときこそ、勇気を奮って行動を起こしてください。

病院へ行って、そのまま入院となってしまうこともあります。必要品の調達、自宅の管理、ペットの世話……だれに頼めるのでしょうか。パートナーどうしでも、別居スタイルの人は少なくありません。自宅の鍵を預けあったり、してほしいことや重要品の置き場所情報を知らせあっておきましょう。連絡してほしい人の情報などもまとめておくとよいでしょう。本書の巻末にある「もしもに備える伝言ノート」もぜひ活用してください。

❷ パートナーの締め出しは現に起こっている

つぎのエピソードをお読みください。

● Aさん（レズビアン）の経験談
　私に持病があり、あるとき夜中に発作を起こして、彼女が救急車を呼んでくれて病院に。私は発作が苦しくて病室に入ったままそれどころじゃなかったんだけど、付き添ってくれた彼女は、家族ではないってことで、そのあと医者からなんの説明も受けられず、病室に入ることもできず、廊下の長椅子でずっと待ってた。彼女のまえを何度も看護師さんが通ったんだけど、なんの声もかけてくれなかったそう。
　これが家族だったら、「先生、夫はどうなんですか？」「奥さん、こちらにどうぞ」ってスムーズなんでしょうけど……。

● Bさん（ゲイ）の経験談
　泥酔して自転車で帰るとき転倒し、ひたいを割った。通行人が救急車と警察を呼んでくれて、警察に「家族は？」と言われて同居するパートナーの携帯番号を示したら、「これだれですか？　会社の同僚？」と言われて。自分も酔ってるから相手の言うまま同僚ということにして病院へ行き、そこでも関係を聞かれた。
　40歳にもなって実家を呼ぶのもなんだし、自分と関係のある人についてちゃんと説明できない、おかしいな、って思った。さいわい入院もせず治療だけですんだ。病院を出たら彼が迎えに来てくれていた。

　これらは私が直接聞いた話です。「いやー、こういうこと実際あるんだー」というのが実感でしょうか。これ以外にも、以前から同性パートナーに関するつぎのような実話は、耳にしていました。

> **information** 　**個人情報保護法の例外規定（法23条）**
> 事故などで本人の同意が得られない場合、第三者に情報提供できる規定もありますが、Dさんのような実例も。

● Cさんの事例

運転中に心臓マヒで倒れたCさん。救急隊が携帯電話の履歴の最後の人にかけたら、さいわいパートナーだった。しかし、「家族のかたですか」と聞かれて、そうではないと口ごもったところで、「それ以上は個人情報ですのでお話できません」と切られた。彼は不幸にも亡くなったが、そのまま情報が得られなければ、生き別れになる可能性もあった（おふたりはおたがい家族にカムアウトしていたので、先方の親族から連絡がついた）。

● Dさんの事例

大きな列車事故に巻き込まれて、パートナーが病院に収容されたらしい。ニュースで知った病院に電話で問い合わせたが、「家族以外には答えられない」と照会を拒否された。

個人情報保護がいわれ、病院などでの厳格（すぎる）対応にヘキエキする場面もあります。個人情報の保護はもちろん大事ですが、一方で「家族」と認知されていない同性パートナーが、医療の場で締め出されるという事態も現実に起こっています。

発病や事故は予期せず突然、起こるものです。法律上、家族ともなんとも規定がない同性パートナーは、あらかじめなんらかの対策をとっておくことが必要です。

column 法律や行政は、「家族」をどうとらえているか

　本文でご紹介したように、同性パートナーは家族と認知されづらく、医療の現場から締め出されることがあります。法律や行政は、医療の場面で家族についてどう考えているでしょう。
　個人情報の保護に関する法律には、つぎの条文があります。

> **第23条　個人情報取扱事業者は、次に掲げる場合を除くほか、あらかじめ本人の同意を得ないで、個人データを第三者に提供してはならない。**

　病状の説明はもちろん、本人が入院しているかどうかの照会に答えることも、ここに言う個人データに含まれ、個人情報取扱事業者（たとえば医師など）は、本人の同意なく第三者に話すことはできないと解されています。しかし、本条の反対解釈により、本人があらかじめ同意した第三者には、個人情報を提供することができます。
　その第三者に、家族以外のものを含めていいのか、という点について、厚生労働省は2004年に「医療・介護関係事業者における個人情報の適切な取扱いのためのガイドライン」を出しています。そこでは、

> **本人以外の者に病状説明を行う場合は、本人に対し、あらかじめ病状説明を行う家族等の対象者を確認し、同意を得ることが望ましい。この際、本人から申出がある場合には、治療の実施等に支障の生じない範囲において、現実に患者（利用者）の世話をしている親族及びこれに準ずる者を説明を行う対象に加えたり、家族の特定の人を限定するなどの取扱いとすることができる。**（「Ⅱ用語の定義等」の「5.家族等への病状説明」から。下線筆者）

と述べ、「これに準ずる者」として親族に限定されないことを示しています。
　さらに、厚生労働省の「家族」の定義をうかがわせる文書としては、2007年に策定した「終末期医療の決定プロセスに関するガイドライン」に厚労省自身が付した解説編のなかで、こう述べられています。

> 家族とは、患者が信頼を寄せ、終末期の患者を支える存在であるという趣旨ですから、法的な意味での親族関係のみを意味せず、より広い範囲の人を含みます。（解説編の2の(2)、注10）

　これらからも、次項でご紹介する医療意思表示書などで同性パートナーを指名することに正当性があるといえるでしょう。
　なお、個人情報保護法などにいう第三者には、本来、「家族」も含まれます。家族であっても本人の同意なく個人情報を提供することは違法なのですが、家族へは黙示の同意があるとの認識から、医療現場などでは「家族主義」が通常とされていることは遺憾です。

❸ 緊急時に備えるカードや医療意思表示書

👉 パートナーにあなたの緊急情報を届ける

　万一時のあなたの情報が、パートナーに届くでしょうか。

【本人に意識があるとき】

　医療者や救助者に連絡先を問われて、だれへの連絡を依頼するか、その人をなんと言って説明するか、シミュレーションしてみましょう。「パートナーです」と言えればいいですが、相手がそれを理解してくれるかはわかりません。また、そう言うことをためらう人もいるでしょう。親友、きょうだい、いとこ、同僚……なにか考えておきましょう。

【本人に意識がないとき】

　医療者や救助者は身元確認情報を探すでしょう。緊急連絡先カードを財布のなかなどに携帯するようにしましょう。59ページ・Cさんの事例のように、「家族でない」ばかりに情報提供を拒まれることがあります。緊急連絡先カードを持っておくということは、本人が「この人に情報を伝えてほしい」と言っているのですから、救助者は安心して情報を伝えることができるわけです。

　本書のカバー（折り返し部分）に緊急連絡先カードをつけておきました。切りとって記入し、ご利用ください。

　会社などに提出している緊急連絡先なども、定期的に見直してはどうでしょうか。カミングアウトしていない人は、親族でない人（自分と苗字の違う人）を申告すると、「これ、だれ？」と言われて困る場合があるかもしれませんね。親族が遠方なので近在の親友、いとこ、結婚した姉（妹）……、みなさんそれなりに説明には苦労しているようです。

　一方、家族にカミングアウトできている人は、家族を経由してパートナーに連絡を入れてもらう手配ができていることもあります。

information	医療に関する意思表示書
	自作、専門家へ依頼、公正証書。意思表示としては同じですが、信頼性と費用のバランスを検討してみます。

面会や医療代理に備える医療意思表示書

同性カップルでは、駆けつけたパートナーが病室へ入れるのか、医者から説明を聞けるのか、という問題もあります（58ページ・Aさんの話参照）。

意識がある場合は自分で主張ができますが、本人に意識がないとか、症状が重く主張ができない場合は問題です。

60ページのコラムで書いたように、個人情報保護法では、「本人の同意を得ないで、個人データを第三者に提供してはならない」（第23条）とありますが、逆に、本人があらかじめ同意した相手には提供していいわけですから、万一に備えて医療に関する意思表示書を作っておきましょう。

- 私の意識がないときは、○○を病室に入れ、私の病状を説明してください。
- 治療については○○によく説明し、その意向を尊重してください。

こうしたことをちゃんと書面にし、サインや押印をして、パートナーどうし交換しておくと安心です。巻末の「もしもに備える伝言ノート」にも、その趣旨のページをつけました。応急的なものですが、活用を検討してみてください。

人によっては、そこにさらに「現代の医学で治療が不可能なら、無駄な延命措置はしないでほしい」など、いわゆる**尊厳死の意思**を書き加えることもあります。これらも一度、専門家に相談してみるとよいでしょう（14ページも参照）。

ただし、パートナーと駆けつけた家族とが病室ではち合わせる場合があります。家族に「あとはこちらでやります」「お引き取りください」と言われたら？　カミングアウトしていない場合、自分を何者だと説明するのか。事前の準備やパートナーとの話しあいも必要でしょう。

column　医療者はどう考えているか

　医療者は、同性パートナーの面会や医療説明、手術の同意書署名などについて、どう考えているのでしょう。国内最大規模のHIV診療施設、ACC（国立国際医療研究センター エイズ治療・研究開発センター）の医師、塚田訓久さんに聞きました。塚田さんは、HIV感染症という病気の特性上、多くのゲイの患者さんに接しています。（塚田さんの回答は、すべて個人的見解と断っていらっしゃいます。所属病院などとはいっさい関係がありません）

病院での面会、そして死去の場合

　同性パートナーの面会や医療説明について、医師の現場感覚としてはどうなのでしょう。

「患者さん本人の希望があれば面会はできますが、治療に関する説明を聞くことは現実には厳しいこともあるでしょうね。とくに本人の意思が確認できないとき、血縁者や配偶者など以外は、本人の意思が確認されるまでは排除されるのが現実です。日ごろから付き添いで来ているなど、こちらもふたりの関係がわかっている場合なら、お話しすることもあるかもしれませんが、いきなり救急車で来て、付き添ってきた親族でないかたからくわしい話を聞かせてくれといわれても、かなりためらうでしょうね」

　病院で亡くなった場合は、どうなるのでしょう。

「ご親族に話すことになるでしょうね。難しいのは、たとえば本人は親族と縁を切ると言っており、親身な関係者（パートナーなど）がいる場合ですが、本人が亡くなり親族が現れた場合には、やはり親族が優先されるでしょう。相続の問題などが絡む可能性もありますので、最後になにか法律を持ち出されたときにそれを超えられるだけのなにかがないと、私たちとしても対応が難しい」

　事前になんらかの意思表示が書面で示されている場合はどうでしょうか。た

とえば緊急連絡先カード。

「こうしたカードで万全かはわからないが進めやすくなるし、本人の意思として、親族にも説明がしやすいと思います。とはいえ、本人の意識がない状況で親族とパートナーが病室ではち合わせした場合、親族優先になると思いますね。親族としては、それまで面識のないパートナーが突然出てきたら、この人はだれですかという話になるのではないでしょうか」

やっぱり親族優先……。文字に起こすと当事者として暗くなる言葉かもしれませんが、塚田さんは一つひとつ言葉を探しながら、うーん、困ったなあ、でも現実は……、という感じで話されました。

「私自身は診療のなかで、日ごろからその方の人間関係などもできれば把握しておくよう努めています。HIVは治療が進歩して高齢期を迎える患者さんもいる。万一時の対応の希望などもうかがったりします。HIVはいまはすぐ亡くなる病気ではなく、準備時間は十分ありますので、親族にご自身の意思をそれとなくでも伝えておいていただくと、われわれとしても大変助かるのですが」

HIVにかぎらず、なんの病気で入院するにしても、最後は親族へのカミングアウトへ話は帰ってくるようです。

手術の同意書は、どうなる？

同じく手術の同意書についての問題もよく聞きます。

「親族がだれもいなければ、むしろやりやすい、私たちは医学的に最善なことをするだけです。いちばん困るのは、親族の所在がハッキリしているのに、友人やパートナーの署名が認められるのか、という点。受け入れられない場合が多いように思います。手術時の署名は、本人の意思が確認できない手術中に困ったことが起きた場合、だれに判断を委ねるかをハッキリさせておいてほしい、そうなると病院としては法的関係のある人に署名をしてもらいたい、という発

想になるんでしょうね」「なにかあったときの連絡先がないというのは困るのです。それを友人やパートナーにと言われても、その関係のレベルがどういうものか、こちらはわからない。やはり親族に優る関係はないだろう、と」

　これは塚田医師にかぎった話ではなく、多くの日本人の平均的な感覚なのでしょう。「親族」というものへのこの圧倒的な担保感。パートナーという言葉だと、家族のイメージはないものでしょうか？

「普段からなじみのあるわれわれには実感がわきますが、一般的にはどうでしょう。男女であれば内縁とか事実婚となんとなく理解しても、同性どうしだと……。最近話題となった自治体の公的な証明書などをきっかけに、認識が広がるとよいなあと思います」

　口頭だけでパートナーといっても、まだ一般への認知は難しいのでしょう。私たちも、本人の意思を明確に示す書面作成などで事前の対策を検討するとともに、一部の自治体で始まったような、同性カップルへの公的な認証などがいっそう広がることを願うものです。

column　HIV陽性がわかった！　どうする？

　パートナーシップの途中で一方のHIV陽性がわかる――ゲイ男性のあいだでは、ときどきあることです。すでに死の病とはいいがたいものの、それでも当事者にはある種の「宣告」を下された感じが否めないHIV感染症。
　NPO法人ぷれいす東京で、陽性者やパートナーなどのさまざまな相談にあたっている生島嗣(ゆずる)代表に聞きました。

カップルの一方の感染がわかったとき、なにを考えるか

　判明直後は、どんな反応があるものですか？

　「それはもう、個々のカップルさんごと、ケースバイケースですよね。つい最近までセックスしていた場合と、長いカップルでもうセックスしていない関係でわかった場合とでは、考えることもいろいろ違うでしょうし」
　「感染がわかった人が、それを相手に伝えるかどうかも、ケースバイケース。ただ最初に私たちがお話しすることとして、告知直後のまだパニック状況で相手に伝えたら、聞いたがわもパニックになる。ある程度、免疫状態や治療方針が落ちついて――1、2か月もあれば筋道もつくので――それから伝えたほうが相手もわかりやすい、とは言います。でも、ふだんから親密でなんでも共有しているような関係性だと、逆に1、2か月もたってから話すと『なんですぐ言ってくれなかったの』と不信感を買うことも」

　そうやって相手に自分の陽性を伝えた場合、その後カップルはどうなるのでしょう？

　「もちろんそれがきっかけで破局する場合もあるのでしょうが、ぷれいす東京へ来る人は、関係を続けたいと思う前提で相談に来るかたが多く、相手の陽性を受け入れている人も少なくないですね。世間には、自分の陽性がわかれば相手はかならず逃げていく、というイメージがあるから、それが怖くて検査にも行けない実情があるのでしょうが、事実はそうでない場合も多々あります」

「もちろん、告げられたがわも葛藤がないわけじゃない。本人の重い秘密を聞かされてしまった自分はどうしたらいいの、と思ったり、本人がいろんなサポートを得て立ち直り、日常生活を取り戻している一方、自分はどうしたらいいと悩んだり、場合によると『巻き込まれた』みたいな軽い被害者感覚を抱く人もいます。ぷれいす東京では陰性のパートナーのためのミーティングもあり、『ほかで話せなかったことがここでは話せた』『みんなそう思ってたんだ』と気持ちが軽くなる人もいますね」

　陰性のかたのサポートも大事なんですね。

「むしろ、優しい（？）パートナーが多いのか、あれこれ本人のためを思って先回りして考えすぎて疲れ、つい他人に話したくなることもあるみたいです。でも、それって本人がいちばん望まないことですよね（苦笑）。モンモンとするときは電話相談やミーティングなどを利用してみてください」

つきあうことを決めたとき、なぜHIV告白する？

　ゲイのパートナーシップは、セックスが先行する場合が多いのも事実。出会いはハッテン場でも、気持ちが深まってつきあおうとなり、そこで「じつは自分……」と切り出したとき、どうなるのでしょう？

「それも相手の反応はいろいろで、最初から陽性だと言ってくれなかったのはヒドイ、と怒る人もいます（自分もハッテン場で出会っておきながら…苦笑）。でも、だいたいその場かぎりが前提の遊びの場で、陽性でも陰性でもいちいち告げる人はいないし、それを陽性者にだけ告白する責任を求めるのもどうかですよね」
「一方、聞かされても、HIVのクスリ飲んでるならウイルスも出てないし大丈夫でしょ、とか、僕たちセーファーにやったじゃない、とか、全然動じない人もいますね。HIV感染（免疫不全症候群）を理由に発行されている身体障害者手帳の数などから推測して、千葉、神奈川、埼玉を含む首都圏で1万人ぐらいのHIV陽性者がいて、その多くがゲイ・バイ男性です。HIVはどこかのだれか

の話じゃなくて、すでに身の回りのことですよとは、声を大にして伝えたいですね」

　遊びの場はともかく、本当におつきあいしようというときは、自分は陽性だときちんと告げる人が多いようですね。

「言うがわの気持ちを代弁すると、服薬してウイルスがコントロールできていれば相手への感染可能性はほとんどない、むしろ自分が相手からなにかもらわないために今後のセーファーセックスへの協力を求めるのがひとつでしょう」
「もうひとつは、それがベターかどうかは一概には言えませんが、伝えにくい秘密を共有することで関係が深まる効果があるのも確かですね。実際、告知を契機に『これから一緒に生きていこう』と同居を始めたり、家を買うなど大きなプロジェクトを一緒に始めたりするカップルはよく見かけます。いま、海外のデータによると陽性者の余命は平均寿命と5年差に迫っていますが、それでもHIVは死を含めて人生の有限性を教え、それだけに今後はよりよく真剣に生きたいという気持ちを抱かせてくれるのかもしれませんね」

　HIV陽性を「告白」して、それがふたりの新しい出発になることもあるんですね。

ぷれいす東京では、HIV感染不安の相談、感染がわかったあとの相談、感染を知ったばかりの人のためのスタートプログラムをはじめ、さまざまな人向けに、さまざまなプログラムを実施しています。ぜひ、ウェブサイトにアクセスしてみてください（「ぷれいす東京」で検索）。

Chapter 5

老後と万一時の
心の準備はしておこう

1　老後のお金と住まい、こう考えては？

老後が不安とよくいいます。みなさんはなにが不安なのでしょうか。
- リタイア後の収入減や少ない年金など、お金の不安？
- 住まいへの不安？（高齢期住居、高齢者賃貸など）
- 病気や介護の不安、そのときにおける同性パートナーの扱いへの不安？
- 高齢独居、孤独死への不安？
- 財産継承や死後の片付け、お墓などへの不安？

☞ 老後の出発点を高くする方法

　まず、お金は一生ついて回る問題ですね。**高齢期のお金**に関して、つぎのようなことが言えるでしょう。

　収入に余裕のある中年期から、計画的に**貯金**を心がけていきましょう（子どもの教育費がかからない場合、ある程度、余裕がつくりやすい）。保険や車などの大きな支出を見直すことで、そのぶんを貯金へ回すことも可能です。そうしてリタイア時の出発点を少しでも高くしましょう。

　終身保険である**公的年金**が少しでも増えるよう、未払いの国民年金を追納したり65歳までの任意加入を検討したり、自営業者は国民年金基金の加入などを検討してみましょう（民間保険よりもいろいろ優遇があります）。また、現在65歳から受給開始の年金ですが、受給開始を繰り下げると額を増やすことができます（70歳開始で42％増）。

　そのうえで、高齢期になると基本生活費は現役時代の６〜７割になるといわれています。**収支のバランス**を再考してみましょう。

　高齢期もなんらかの**仕事**を続けることは、社会参加も兼ねて有意義です。

　病気をせず、要介護にならずにいられるなら、働けば稼ぐことができるし、医療費なども節約できて、なによりです。節制と定期健診による早期発見・早期治療が大事。

　それでも立ち行かないときは、最後の手段として、**公的扶助**を受ける（生

> **information** ☞ **地域の情報**
> 自治体の高齢者施策や商店会などの買物サービスなどのコミュニティ情報も、高齢期の暮らしには大切です。

活保護、公営住宅の斡旋)。

驚くようなアドバイスはありません。身の回りでできることを心がけてみましょう。

☞ 高齢者向け住宅も多彩に登場している

住まいも、一生ついて回る問題ですね。つぎのような考え方ができます。

【持ち家がある】 一生住みつづけられる家があるのは、なによりの安心ですね。一方、ローンを完済していたとしても、費用は発生します。固定資産税、劣化した設備や家屋の修繕、マンションであれば管理費や修繕積立金が必要です。要介護となった場合の改修も必要かもしれません。

【賃貸を続ける】 転居のさい、高齢者への貸し渋りはまだまだ存在します。ただ、超高齢社会を迎え、行政や不動産業界でも、死後の片付けや家賃債務保証制度などを整え、オーナーの理解促進に取り組んでいます。保証人は親族ではなく、信用保証協会などの利用が勧められています。収入に乏しくなる高齢期ですが、低家賃の優良物件も意外にありますし、「田舎暮らし」と低家賃とをあわせて地方への移住を考える人もいます。

【サービスつき高齢者住宅】 老人ホームというと特養(特別養護老人ホーム)が代表的ですが、待機者が多いのは周知のとおりです。現在、行政的にも施設介護が抑制され、在宅介護中心の政策が進められています。こうしたなか、介護や見守りも安心な住宅として、サービスつき高齢者住宅(通称・サ高住)が近年、話題です。これまであった「高専賃」や「高優賃」などと略称されるさまざまな高齢者向け住宅を一本化し、「高齢者住まい法」によって平成23年から始まったもの。高齢者向けのハードの面(バリアフリー、一定面

積〈25平米〉や設備）と、見守りサービス（ケア専門家による安否確認、生活相談は必須）が要件です。いわば24時間待機の管理人がいる老人向けワンルームマンションで、有料老人ホームなどと異なり、高額な入居一時金など不要です。そこを自宅として、介護が必要な場合は訪問介護や、近隣の提携先医院から訪問医療に来てもらいます。安否確認や相談以外の、食事やそのほかのサービスは施設によってさまざまで、これから値段とともに多様化が見込まれます。基本的に賃貸マンションですので、自分に合わなければ引っ越すことも可能。パートナーと2部屋を賃貸してもいいし、ふたり入居のものも登場してくるかもしれません。

【LGBT向けグループホーム】企業のなかにはLGBT向けグループホームを企画する動きもあるようです。「住」だけでなく、同性パートナーやシングルなどそれぞれのライフスタイルのニーズに合わせた総合的な生活サポートも提供するなど、魅力があります。同時にLGBT専門などと謳った場合、「一棟まるごとカミングアウト状態」を当事者がどう受け止めるかは、まだまだ不明な面もあります。（本書執筆時現在、まだ開業したものはありません）

【URハウスシェアリング】43ページでも紹介したURハウスシェアは、そもそも高齢者どうしの共住ニーズへの対応が導入理由でした。高齢化問題を抱えるUR団地では見守りや交流促進にも取り組んでおり、そこに参加していくことは安心な暮らし方かもしれません。

【なりゆきグループホーム】以上は具体的な住宅の種別についてでしたが、同じマンションや団地内、あるいは最寄り駅の近辺に友人がいると、個々の家庭の独立性は保ちながら、いざというとき助け合うことができ、実際にはグループホームに近い機能をもつことになります。小さなネットワークづくりが、大きな命綱になります。

　高齢者向け住宅は、社会でもさまざまな動きがあるようです。日ごろからアンテナを張って、自分たちに使えないか考えてみてはどうでしょうか。

☑ CHECKしてみましょう

老後に備えたお金や貯金は、目的別に分けて管理することが大切です。それぞれに適した口座や金融商品の活用を検討してみましょう。

①日常やいざというとき使うお金
- 当面の生活費（1年分）と、急な発病・事故などアクシデントに備える（50～100万円目安）
- これらは出し入れ可能で、使えばまた貯めておくお金です［流動性資金］
- 方法：普通預金、通常貯金

②少し先に使うお金
- 旅行、リタイア後の資金、車の買い替え、リフォーム費用。両親への金婚旅行プレゼント、姪の結婚祝いなど
- 使う時期まで減らしてはいけないお金です［安全性資金］
- 方法：定期預金、個人向け国債、定額年金保険（一時払いなどで老後から年金で受け取る）など

③当面は使う予定のないお金
- 10年以上先の老後資金、自分の死亡後に相続や遺贈したいお金など
- できれば運用して増やすことも検討したい部分です［収益性資金］
- 方法：投資信託、株式、外貨預金など。ただし、運用は1千万円以上のまとまったお金があるとき、銀行や証券会社などで相談してみましょう。

☐ ②の安全性資金について、必要なお金をどう準備していきますか？

使用時期（何年後）	使用目的	必要金額	準備方法
20××年（10年後）	マンションリフォーム	100万円	レインボー銀行スーパー定期、毎月5万積立てる
		円	
		円	
		円	
		円	
		円	

❷ 介護は地域包括支援センターへ相談

☞ 要介護にならない工夫はできる

　介護問題は、まず中年期には親の介護、そして高齢期は自身やパートナーの介護というかたちで向きあうことになるでしょうか。

　介護とひと口に言いますが、すべての高齢者が要介護になるわけではありません。介護には「突然始まる型」と「だんだん始まる型」があります。

　突然型の原因の1位は脳血管疾患。つまり脳卒中などで一命はとりとめたものの、身体にマヒが残るなど。日本人男性で要介護者の原因のトップがこれです。一方、女性に特徴的なのは骨粗鬆症などで転倒して骨折し、そのまま寝たきりに至るなどの例。

　一方の**だんだん型**の原因で多いのは、認知症や高齢者うつなど。判断能力が低下して常時、見守りが必要になったり、生活意欲の低下から身体機能も低下する例もみられます。とくに認知症は推計462万人の患者と400万人の予備軍がいるといわれ（厚労省研究班の推計、2012年）、超高齢社会の難問となっています。

　脳卒中はさまざまな予防策や早期発見が呼びかけられ、認知症も異変に早く気づくことで服薬などでその進行を抑制できるといわれています。親の健康状態や家屋の状況（転倒の可能性など）のチェック、自分たちの健康対策をまずは心がけては？

☞ 地域包括支援センターが入り口

　もし身体機能などが低下して介護が必要な状態になったなら、（介護する側もされる側も）自分が抱え込むのではなく、プロの手を借りましょう。介護保険の出番です。

　介護保険とは、介護サービスを利用するとき、費用の9割を保険がもち、1割を自己負担すればいい制度。40歳以上の人はみんな、健康保険料とともに介護保険料を払っています。利用は原則65歳以上。介護保険を利用する

> information ☞ | **住宅改修**
> 介護保険からは、住宅の改修費用（トイレや風呂の改修、手すりやスロープの設置など）も補助されます。

には、申請と介護度の認定が必要です。

まずは利用者の住所地（親であれ自分たちであれ）を管轄する**地域包括支援センター**へ行きましょう。ここは介護の駆け込み寺、なんでも相談してください。場所がわからなければ地元の役場などで聞いてください。

☞ 介護保険でサービスを受ける仕組み

介護保険を使って介護サービスを受けるときは、最初に**介護度の認定**を受ける必要があります。専門の調査員が来訪して定められた質問などを行なうほか、主治医の意見書を提出します。認定会議にかけられ、要支援1、2、要介護1から5までの介護度が認定されます。介護度ごとに利用できる月あたり上限額が決まっていて、その範囲内であれば1割の本人負担で**介護サービス**が利用できます。それを超える部分は、全額自己負担となります。

月ごとの介護サービス利用計画を**ケアプラン**といい、専門のケアマネージャー（通称ケアマネ）に作成してもらいます（その作成料は無料です）。介護サービスを利用するには、まずどのケアマネ事務所にお世話になるかを決める必要があり、ケアマネさんがその後の介護に関する相談役にもなります。ケアマネ事務所は随時、変更することが可能ですから、息のあうケアマネさんと組むことが、介護生活を上手に送るコツです。

介護保険で使えるサービスは、大別して在宅介護と施設介護があります。在宅介護とは、自宅などに暮らしながら、訪問ヘルパーや訪問入浴、訪問看護、訪問リハビリなどに来てもらい、たまに施設へ出かけてデイケア（1日、半日）やショートステイ（数日滞在）を利用するパターン。

一方、施設介護とは特別養護老人ホームなどに生活の場を移して、そこへずっと入所するもの。とはいえ特養は、介護度が3以上で、なおかつ介護者がいないなど、緊急性が高くないとなかなか入所できません。財政逼迫のおりから、施設介護は抑制され、在宅介護が政策の中心です。

❸ 親の介護は、自分たちの老後の予行演習

☞ 親の遠距離介護の心得は？

　親の介護では、人知れず遠距離介護に悩んでいるかたもいるようです。"離れて暮らす親のケアを考える会"とうたうNPO法人パオッコ、太田差惠子さんのインタビューは、遠距離介護のヒント集でした（『朝日新聞』2013.5.24）。私の意見も足してメモしてみます。

- カギを握るのは**情報**。親の状態や暮らし方を知っておく。親は心配かけまいと、子にはなにも言わない。知らない間にひどい状態になることも。
- 親が暮らす地域にどんな介護サービスがあるのか、情報を集める。子世代なら、現地に行かなくても電話やネットで調べられるはず。
- 介護保険以外にも、介護度不問で行政やNPOが提供している**サービスもいろいろ**あり（見守りとか配食とかオムツ提供とか鍼灸とか、地方によっては雪下ろしとか……）。民間でも、買物宅配とか見守りサービス（子への緊急連絡や駆けつけなど）もいろいろ登場。親の地元の地域包括支援センターを手始めに、調べてみよう。
- 食事、入浴、排泄などはプロの介助者に。子が親元に通ってできることは、**情緒的な支援**。
- 介護で**仕事は辞めてはいけない**。一度辞めると復帰は困難。
- 介護同居を始めると、場合により介護保険のヘルパーが使えなくなることがあるので注意。
- 遠距離介護は交通費がバカにならない。これは自分でなんとかするしかない……。
- 長くかかることを前提に、**がんばりすぎない**こと。

☞ ひとりで抱え込まずにやれる方法はある

　とくに、**介護離職**を強く戒めていることには理由があります。地元での就

> information ☞ **介護休業制度**
> 労働者は、要介護状態の家族1人につき通算93日まで介護休業を取得できます。くわしくは労務や総務に。

職もなく、結局、親の年金に依存して、貧困と介護虐待の連鎖に陥るケースはしばしば報告されています。性的マイノリティにとっての介護は、親とのいろんな感情が交錯して、ときには他人の介入を拒んでひとりで抱え込み、カプセル状態→介護虐待へ至る恐れも。ヘルパーさんやケアマネさん、地域のソーシャルワーカーやボランティアなど外部の目を入れながら、風通しのいい介護を考えましょう。

　各地で交流会やケアラーズカフェ（介護にあたる人が交流できる場所。常設や定期開催形式など）も開かれていますし、介護者どうしのネット上のコミュニティもあります。性的マイノリティどうしのものも、探せばあるでしょう。視野を広くもつこと、息抜きの場所をもつことが、介護には大切です。

　看護は治るためのもの、でも介護は「治らない」のが前提。最期へ向かっていく親を見守るのは子としてときにつらいけれど、自分のケアも大事にしながら、親との最後の時間を過ごそうではありませんか。

column　介護事業者へ、性的マイノリティの研修を実施

子なし独居、HIV、身体に処置……セクマイの介護は難しい？

　超高齢社会で介護はだれにも関係ある課題ですが、私たち性的マイノリティにとっては、さらにつぎのような考慮点があるかもしれません。

- 子なし／独居で高齢期を迎える人が多いと予想され、他人の手（介護力）の持ち合わせが少ない。
- 介護では家族／身元引受け人を要請される場面が多いが、そこに同性のパートナーがかかわれるのか不明。
- ゲイにはHIV陽性の人もおり、介護事業者や医療（町の高齢者クリニックなど）が対応してくれるか不明。さらにHIV陽性には認知症の発生が有意に高い。
- トランスジェンダーは見かけと書類上の性別が異なっていたり、身体に処置をしている場合などがあり、事業所の対応が不安。
- デイサービスなどで家族（孫）の話などが苦手で、なじめるか不安。プライバシーも聞かれたくない。
- メンタル不調、薬物などへの依存症を抱えている者もいる。
- 職場の理解が乏しいため離転職や非正規雇用が多く、老後の資産形成ができないと、高齢貧困、「老後破産」の危険性がある。
- 介護の終了時＝死の場面で、パートナーと親族間での争いが起こるリスク。逆に「身寄りなし」「無縁死」もありうる。

　介護でお世話になるケアマネージャーさんやヘルパーさん、老人ホームやデイサービス。その人たちは、私たち性的マイノリティに対応できるのでしょうか？

知識を得たことで超えられることがある

　NPO法人パープル・ハンズ（93ページ参照）では、パルシステム東京・市民活

動助成基金の助成を得て、2014年度に事務所のある中野区内の介護事業者向けに、「性的マイノリティ（LGBT）とHIV陽性者——新しい利用者ニーズを知る研修会」（2回構成）を開催しました。まだまだ現場での関心は高くないものの、ケアマネージャーや介護ヘルパーを中心に各回10名強が参加しました。

参加者の動機に関しては、「これまでまったくなじみのない課題なので、知っておきたかった」「今後この問題が顕在化すると思って」「高齢者には、『身寄りがない』『縁が薄い』というケースが増えている。そのなかにはセクマイの人もいるかもしれないと思って」などの声が寄せられました。

受講の感想としては、知らない知識を得たことへの満足感は高かったようです。とくにHIV感染症は、昔の情報のままで利用者を拒否している事例も多いので、情報さえ更新されれば受け入れが進む可能性があります。

アンケートの自由記述欄には、興味深いエピソードも記されていました。
- セクシャルマイノリティというか、女装愛好家なのかもしれないご利用者さまがいた。女装をさせてあげたいと思いましたが、すでにターミナル期で更衣するだけでも体力を消耗しすぎるので諦めた。
- （ゲイとおぼしい）男性利用者に、男性介護者を拒否されたことがあった。恥ずかしいとのことだった。
- 相談支援センターからHIV陽性者（高次機能障害、車いす）の受け入れを打診されたが、施設長が断った。無知による対応だと思う。
- 入職希望者にトランスジェンダーの人が面接に来ることが増えた（採用事例はまだないが）。そのかたがたのトイレや更衣室など職場環境での対応はどうしたらいいか？

介護現場にあるかたのさまざまな意見が聞け、また性的マイノリティやHIV陽性の利用者さんを受け入れたいという事業所とのネットワークも生まれ、パープル・ハンズにとっても実りの多い研修会でした。

こうして、私たちを取り巻く社会の環境が少しずつ変わっていってくれるといいですね。

❹ 高齢期の判断能力低下に備える

☞ 任意後見契約でおたがいに「契約家族」になる

　高齢期になると、認知症や重篤な病気で本人の判断能力が衰えることがあります。買い物やさまざまな金融取引、介護や医療の場面での手続きが自分でもうまくできない。そして、訪問販売員から不要な高価品や金融商品を購入してトラブルに……。しかし、たんに高齢だというだけでは、法律的にはそれをあとで解約したり、詐欺による無効とするのは難しいものです。

　こうした事態に備え、判断能力が衰えたときは自分であらかじめ決めておいたキーパーソンに金銭や契約のことを任せる約束をしておくのが、24ページでもご紹介した**任意後見契約**です。

　これをパートナーどうしで結んでおけば、一方の判断能力が衰えてもパートナーが法律的な権限を得て、以後は相手の財産管理や、介護・医療などを手配する身上監護を行なってあげることができます。

　任意後見契約をすることは、同性婚などの制度がないなかで、いわばおたがいが「契約家族」になるようなものとイメージすればよいでしょう。任意後見契約は、高齢期になって契約を発効させるまえでも、任意後見人の就任予定者（受任者）という関係が証明されることから、一種のパートナーシップ証明の役割を果たしうる場合もあります。

☞ 高齢者を支える見守りサービス

　任意後見契約をたとえパートナー間で行なっても、年齢差が少ないパートナーどうしでは、いざ高齢期となったときに双方とも判断能力や身体能力が低下しており、おたがいのサポートを十分に行なうことがむずかしい場合もあります（男女夫婦でも、老老介護は問題になっていますが）。

　任意後見契約は相手の代理人になる契約ですが、自分がそれをうまく果たすことができないときに備え、代理権目録には「復代理人の選任、事務代行者の指定に関する事項」も含めておくことが常です。自分ができなくても、

> **information** ☞ **地域福祉権利擁護事業**
> 社会福祉協議会では認知症高齢者の日常的な金銭管理サービス、重要書類の預かりなどの支援を行なっています。

そのときは信頼できる若い人(ときには専門家など)にかわりに行なってもらうことが可能です。

　現在、独居高齢者の増加に対応して、社会にはさまざまな**見守りサービス**が生まれています。株式会社やNPO法人などが利用者と契約を結び(任意後見契約を利用することもあります)、定期的な訪問や見守り、金銭管理や契約の代行、入院時その他の保証人引き受け、そして遺言などにもとづく死亡時対応と納骨や片付けなどの死後事務を行なうものです(契約内容によります)。家族のいない人に、いわば家族を外付けするようなもので、独居高齢者だけでなく、子なし老夫婦による利用もあると聞きます。

　高齢期などにあらためてこういうサービスを探して契約することも、よいかもしれません(そのころには、たとえば「子なし老ふうふ」には同性パートナーシップの場合もあることがあたりまえの認識になっているといいですね)。

　こうした見守りは当事者によるサポートがよいというニーズに対応し、NPO法人パープル・ハンズでも、性的マイノリティへの見守りサポート提供を準備中です。これは法人であるパープル・ハンズまたは行政書士としての私(パープル・ハンズ事務局長)と利用者が任意後見契約などを交わし、定期訪問や相談、保証人の引き受け、緊急時の駆けつけ、死亡時や死後事務の対応などをするものです(ただし、東京圏にかぎります)。ご関心のあるかたは、一度お問い合わせください。

5 遺言は残る人へのメッセージ

遺言で自分の遺志を実現する

　同性パートナー間での死後の財産の継承には、遺言を作成することで対応できます。

　遺言がないと、亡くなった人のものは法律で定められた相続人に引き継がれます。自分が死んだとき、だれが法定相続人になるのか。まずきちんと押さえましょう。親が残る場合は親。親もなく、きょうだいだけならきょうだい。きょうだいに亡くなった人がいる場合は、その子ども（おい・めい）にも相続権があります（代襲相続）。

　しかし、パートナーなど法定相続人以外の人に渡したい場合は、遺言を書きましょう。死亡と同時に突然、親族が現れてみんな持っていった、という話は尽きません。また、財産がないといっても、形見ひとつもらうにも所有権は関係してきます。ましてや、一緒にお金を出して購入したマンションなどがある場合は、遺言は必須です。

　遺言でできることは、
- 財産の処分の指定（生命保険金の受取人の変更も含む）
- 遺言執行人の指定（死んだ自分にかわって遺言内容を実現してくれる）
- 祭祀主宰者の指定（親族に先んじてお葬式やお墓の主導権をとる）

です。財産には、預貯金、有価証券、不動産、生命保険金請求権、家財・自動車、債権（他人に貸してあるお金の請求権）、そしてマイナスの財産ともいわれる債務（借金・ローン、保証人債務など）があります。

　遺言は法律（民法）で方式が決まっており、それに違背したものは無効になります。私たちが通常、知っておきたい遺言は2種類——自筆証書遺言と公正証書遺言です。

　自筆証書遺言は全文を自分で手書きし、日付と氏名を明記し押印する、が要件。それだけで法律的に有効な遺言が自分で書けます。パソコンで書いて

> **information ☞ 公正証書遺言の保管**
> 公証役場では、遺言者が120歳になる年まで遺言の原本を保管していてくれます。

署名だけ自筆、などは無効です。

　メリットは、かんたん、無料、何度でも書きかえできること（相手が変わるたびに書きかえ可！）。しかし、デメリットは、死亡後、家庭裁判所で「検認」という手続きが必要なこと。これは、遺言の形状などを確認する証拠保全的な手続きです。検認を経ないと、その遺言状は名義の書きかえなどに使えません。あと、個人が作るので内容が不明確、真偽が疑われる、紛失や発見されない場合もありうる、などが懸念されます。

　一方、**公正証書遺言**は、公証役場で専門の公証人に作成してもらう遺言です。メリットは、公証人が作るので信頼性があり、検認不要、そのまま登記や名義変更に使えること。原本は公証役場で保管され、本人には正本が渡されるので、紛失や火事で滅失ということもなく（再発行可能）、作成したことがわかっていれば、死後も照会に応じてもらえます。一方、デメリットとしては、作成手数料がかかる（財産の価額による）ほか、証人2名が必要、公証役場に何度か出向く、などがあります。行政書士などに相談・仲介してもらえば、別にそのぶんの報酬も必要です。

☞ 遺言作成のコツ

【公正証書がよい】 関係が安定し（死ぬまで別れそうもない）、とくに不動産など一定の資産がある場合には、若干の費用がかかっても公正証書遺言を作成しておくのがよいでしょう。公正証書だと信頼性が高いので、親族などへの対抗も問題ないほか、その後の登記や銀行などでの手続きがラクです。

【受遺者とよく相談】 犬神家の一族じゃないので、あとで突然、遺言状が出てきて、開けてみたらみんなが大騒ぎ、は困ります。財産を遺贈される相手とよく相談のうえ作成してください。

【遺留分の知識】 すべてを法定相続人以外の人（たとえばパートナー）に遺贈すると決めても、子どもには2分の1、子がなく親がいる場合には親には

3分の1の遺留分の権利があります。子や親がそれを放棄してくれれば問題ありませんが、なんらかの準備が必要な場合もあります。事情があって実子がいるかたや、親存命中の遺言作成は、専門家などによく相談してみましょう。なお、きょうだいには遺留分請求権はありません。

【執行人を指定】不慣れな受遺者(パートナーなど)にかわって相続手続きなどをしてもらうために、慣れた専門家を遺言執行人として指名しておくことも一案です。執行人が指定されていると、万一、親族が勝手に行なった財産処分(名義変更など)があっても無効になるので、より安心です。

【付言を書く】なぜこういう遺言をするのか、自分の思いを遺言に書き込んで、あとで見た親族などが納得してくれるようにすることも大事です。

☛ 遺言はこんな使い方もできる

パートナーがなく、自分のマンションははじめから、おい・めいにやりたいというかたは、遺言でそういう指定もできます。相続税や登記の手数料も一代分、節約になるかもしれません。

遺言では、生命保険の受取人の変更もできます。日本では、2親等以内の親族しか保険受取人に指定できませんが、これは会社の定款で決めてあるだけで、法律があるわけではありません。本来、だれを受取人にするかは自由のはず。契約時、やむなく指定した受取人を変更することができます。

祭祀主宰者とは、葬儀や死後のお墓についての主導権をもつ人と考えてよいでしょう。パートナーなどに一定の権限を与えておきたいときは祭祀主宰者に指定しておくと安心です。

自分の遺産をあげるかわりにこれこれのことをしてほしい、という遺言を、負担付き遺贈といいます。死後の片付けをしてほしい、ペットの世話あるいは里親探しをしてほしい、などの希望にも活用できます。

column　エンディングノートを活用しよう

　亡くなった人のこまごまとした情報が把握しづらいことは、容易に想像がつきます。死んだあとのことは知らねえや、と言ってしまうのはかんたんですが、残された人にとっては、なかなか厄介。そこで重宝されているのが、エンディングノートです。

　エンディングノートは、市販のもののほか、銀行や葬儀社、介護NPOなども作成・配布しています。市販本については、書店に行けばコーナーもあるほど。

　ノートには、自分の基本情報や自分史のほか、財産の目録、介護や医療、葬儀やお墓などへの希望、もしものときに連絡してほしい人のリストなどを書くことができます。最近はカードやパソコン、SNSなどのIDやパスワードなどを記入しておくページなども。

　こうした記録をもとに、本人がすでに亡くなったり意思表示できないときでも、本人の意思に沿った手続きをしてあげることができ、残された人にもとても便利です。

　また、記入する本人にとっても、それまでの自分を整理し、今後への見通しができたなど、よい効果をあげているようです（写真の新聞記事では、大震災以後、若い世代にも自分を「棚卸し」する意味でエンディングノートを書く人が増えたことを伝えています）。

6 死後事務や、葬儀・お墓はどうする？

☞ 死後事務がスムーズに行なえるように

人が亡くなったあとには、行なわなければならない手続きがあります。親族（法定相続人）ではないパートナーにそれを行なってもらう場合、あらかじめそれを委任した書面を作っておくと、各窓口での取り扱いもスムーズでしょう。**死後事務委任契約**として作成しておくか、遺言を作成するときに、死後の事務を行なうかわりに財産を遺贈するという、**負担付き遺贈**としてもよいでしょう。

亡くなっている自分にかわって行なってもらうために、事務の内容や書類の所在がパートナーにもわかるように整理しておきます。

携帯電話やクレジット、各種の引き落としなど解約事項は意外に面倒なものです。それを行なう人が少しでもやりやすいように、定期的に情報を整理しておきましょう。

最近話題になるのは、各種のSNSやブログなどの扱いです。そのままネット上にあっても気にしないのか、できれば消してほしいのか。あるいは、しばらく消さずに本人死去のお知らせを書いておいてほしいのか。希望とともに、アドレスやID、パスワードなども整理しておきます。

パソコンやスマートフォンについて、中身を見ないで処分してほしいなどの希望もあるかもしれません。こちらも希望内容と、IDやパスワードを整理しておくといいと思います。

☞ 多様なライフスタイルに対応した埋葬法が発達

葬儀や埋葬についても、機会があれば話しあったり、希望を書き留めておいてはどうでしょうか。

いわゆる墓苑の購入は大変高価であり、また、後継者がいることが条件となることが多く、性的マイノリティにはあまり関係がないでしょう。現在、合祀墓や納骨堂など、単身者にも対応したものが増えています。寺院のほか、

information ☞	墓地と法律
	遺骨は公衆衛生の観点から、「墓地、埋葬等に関する法律」で知事が許可した場にしか埋葬できません。

公営墓地でも開設していますので調べてみましょう。

　最近は散骨を希望する人も多いですね。まず遺骨を粉状にする必要があります。これは葬祭業者や火葬場に相談します。陸上では散骨用の霊園（「樹木葬」など）以外は法律に触れる可能性があるため、多くは海洋での散骨が行なわれています。散骨クルーズのNPOなどもありますし、友人どうしで屋形船を貸し切り、海上で手づくりのセレモニーを催し（にぎやかにやってほしければ、そのように指定して）、そのあとに散骨、というのもよいかもしれません。

　献体の希望がある人は、献体したい大学病院などに問い合わせて所定の手続きをします。肉親の同意も必要なので、あらかじめ考慮してください。死亡後、登録先大学へ連絡し、大学などへ移送されます（通夜・葬儀などを実施するのは可能です）。2、3年後に火葬されて戻されます。

公営墓地でも多様な個人墓などを用意する動きがあることを伝える新聞

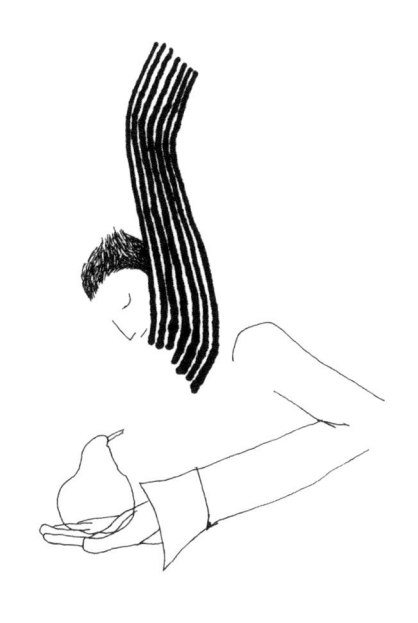

5 | 老後と万一時の心の準備はしておこう　　89

7 別れることになったとき

☞ トラブルには、性的マイノリティ向け法律相談などを利用

　パートナーシップには、始まりもあれば終わりもある。最後に、別れについてふれてみます。

　性的マイノリティから弁護士など法律家へ寄せられる相談のうち、もっとも多いのが、カップルや友人関係のこじれから、家族や学校、職場、ネットなどで「バラされる」——アウティングにからむ問題だそう。また、カップル間でのDV問題やストーキングも深刻です。たんに身体的な暴力だけでなく、精神的、性的なものから経済的に困窮させるもの、社会的に隔離させるものなどまで、多様なDVが存在しています。ふたりのあいだでこじらせ、実被害が出てしまうまえに、適切な機関に相談することが大切です。

　とはいえ同性間でのDVやトラブルとはなかなか言いにくいのも確か。相談機関の対応力も、まだ未知数です。まずは性的マイノリティ向け、または対応可と明言している電話相談などを利用してみましょう。とくに、すでに被害が出ているときは、インターネットで「LGBT　弁護士」などと検索し、理解のある弁護士にすみやかに相談したほうがいいでしょう。

☞ 財産関係の清算はどうするか

　別れることにはおおむね両者とも合意して、あとはその条件が問題という場合もあります。財産分与や、別離の原因を作ったがわから相手へ（両者が納得のうえで）慰謝料を支払うなど、男女の離婚と同じような問題が起こるかもしれません。

　ふたりがお金を出しあって購入したようなものをどうするか。アレは自分、コレは相手、と分けるとか、一方が取得して相手に相応の代価を払うとか、このさい売って代金を折半するとか、いくつかの方法が考えられます。

　不動産がある場合、たいてい一方の所有権になっていますが、双方がローンを折半したり、所有権者でないほうも相応の頭金を負担するなど、それな

information ☞ **HIV にからむ法律相談**
陽性をばらされた、おどかされた、解雇されたなどの相談も、セクシュアリティをふまえた対応が必要です。

りな事情がある場合もあります。ふたりで協力して不動産を購入する場合は、そもそも購入前にあらかじめ話しあいをし、万一、別れることになった場合も、あらかじめ決めた方法で清算するのがよいでしょう。

　また、別れるときの話しあいの内容は、合意書にまとめておくのも、後日のためには必要かもしれません。

☞ 弱い立場のがわが不利にされないために

　話がこじれたとき、これまでは見ないですんでいたふたりのあいだの関係性が露呈し、弱い立場のがわが不利益を強いられることもあります。弱い立場とは、年下だったり、経済力が低かったり、外国人だったり、身体やメンタル的に障害があったり、などです。

　男女の夫婦間であれば、家庭裁判所で調停や離婚裁判があり、ふたりをあくまで対等に扱い、権利を考慮してくれます。現在、同性間に婚姻を規定する法規がないということは、別離のさいも、正当な補償や清算が期待しづらい、それを根拠づけるものがない、ということでもあります。

　結婚法は同時に離婚法です。「愛」を祝福することの一方で、別離のときの平等な権利を保障することも、将来、なんらかの同性パートナーシップ法制が整備されていく必要性の根拠といえるでしょう。

性的マイノリティ向け法律相談に取り組む弁護士会の動き
※番号や期間はチラシ発行当時のものです。ネットなどで最新情報を検索してください。

5 | 老後と万一時の心の準備はしておこう

この本の著者の活動

同性愛者／性的マイノリティの暮らしや老後をテーマとする取材や執筆、編集の豊富な経験のもとに、現在、つぎのような活動を展開しています。

東中野さくら行政書士事務所

法律家の国家資格である行政書士と、お金やライフプランのアドバイザーであるFP技能士。2つの資格で、同性カップル、おひとりさま、HIV陽性など、それぞれのご事情にあわせて、安心できる暮らしと老後づくりを、ゲイ当事者の専門家としてお手伝いする事務所です。
不安なこと、備えておきたいことなど、一度、おためし無料相談においでください。弊事務所で提供できるメニューや費用の概算をご案内します。ご納得いただけたら、ご依頼ください。

おもな業務と報酬の目安

- 医療意思表示書の作成（おふたり分）　10,000円
- パートナーシップ契約書の作成　30,000円〜
- 任意後見、遺言の作成など　50,000円〜
    - ＊公正証書にする場合、別に公証役場の手数料が必要です
    - ＊複数書面やカップルでの作成で割引があります
- ライフプラン相談（2時間）　5,000円
    - ＊同性カップル、ミドルシングル、高齢期、HIV陽性など
    - ＊状況に応じて豊富な資料を差し上げています
- 親やパートナーの後見や相続
- 外国人ビザの取り次ぎ、許認可の申請
- その他、法律の困りごと、法人設立、契約書や合意書の作成など

＊土日や夜間も対応OK。予約制、秘密厳守
＊最新の業務項目や報酬の詳細はウェブサイトでご確認ください

☞ **東中野さくら行政書士事務所**
東京都中野区東中野1-57-2 柴沼ビル41
電話／FAX：03-6279-3094　Eメール：yz235887@za3.so-net.ne.jp
Web： にじ色ライフプランニング で検索
くわしいパンフレットを用意しています。お気軽にご請求下さい。

特定非営利活動法人パープル・ハンズ

性的マイノリティや同性カップルの存在にまだまだ認知が乏しい日本社会で、私たちはどんな人生や老後を送るのか。だれもが抱くそんな不安にたいして、まずは現状（法律や制度）の確かな情報を知り、できることをやってみよう、そして仲間とつながろう、をモットーに、2010年、同性愛者のためのライフプランニング研究会（LP研）を呼びかけました。やがて仲間が集まり、2013年にNPO法人（特定非営利活動法人）を設立、東京都の認証を得ました。

パンフレット（大和証券福祉財団助成）

LP研：性的マイノリティの暮らしや老後に役立つ情報を学びあう勉強会。2015年度は、高齢期のグループリビングや孤立解消をテーマに開催。
パープル・カフェ：おもに40代以上のしゃべり場。バーなどではなかなか正直に話せない親の介護や老後の不安などについて、仲間どうしで語れる場。
暮らしや老後の電話相談：現在、担当者が在室中はいつでも電話を受けています。
社会発信：性的マイノリティやその高齢期について、正確な情報を発信する研修やイベントを実施。

中野区内介護事業者むけ研修会（パルシステム東京・市民活動助成基金助成）

活動の予定などは、つぎの方法で発信しています。ぜひご覧ください。
＊メールマガジン：info@purple-hands.net へ「メルマガ希望」とお送りください
＊ブログ：「パープル・ハンズのお知らせブログ」で検索
＊ツイッター：「パープル・ハンズ」で検索

☞ パープル・ハンズ
東京都中野区東中野1-57-2 柴沼ビル41
電話／FAX：03-6279-3094　Eメール：info@purple-hands.net
Web：パープル・ハンズ で検索
パンフレットなどをお送りします。お気軽にご請求ください。

☞ 著者　**永易至文**（ながやす・しぶん）

1966年、愛媛県生まれ。行政書士、NPO法人パープル・ハンズ事務局長。
上京後、1988年ごろよりゲイのコミュニティ活動にかかわりはじめる。人文・教育書の出版社勤務を経て、2001年、フリーランス編集者となり、ゲイ／性的マイノリティおよびHIV陽性者の暮らしや老後について取材・執筆多数。
2010年、2級ファイナンシャル・プランニング技能士（FP）取得、2013年、行政書士登録。同年、性的マイノリティの高齢期を考えるNPO法人パープル・ハンズを設立、事務局長をつとめる。
著書に『同性パートナー生活読本』(緑風出版)、『にじ色ライフプランニング入門』(太郎次郎社エディタス発売) など。web連載に、「老後の新聞」(LGBTのためのポータルサイト2CHOPO)、「虹色百話」(読売新聞yomiDr.)。

☞ イラスト　**田中昭全**（たなか・あきよし）

1977年生まれ。香川県三豊市を拠点に活動するアーティスト。その手法は多岐にわたる。
2013年には監督を手がけたゲイの短編映画「エソラ」が、県内外の映画祭などで上映され好評を得る。2015年7月、日弁連への同性婚人権救済申立に申し立て人として参加。いっしょに暮らして8年目になる同性パートナーとともに、東京での記者会見にも同席した。
ウェブサイト http://www.niji.jp/home/popula-/

● 巻末の「もしもに備える伝言ノート」は別売もしています。内容を書き換える必要が生じたときのほか、それぞれがノートを所持しておきたいときなどにもご利用ください（同居していない場合は、おたがいにノートの保管場所を教えあっておきましょう）。

● ノートは送料込みで1冊300円です。住所・氏名・電話番号を封筒に明記のうえ、希望冊数分の切手を小社までお送りください。到着後、1週間以内に発送いたします。まとめ買いについてはお問い合わせください。

ふたりで安心して最後まで暮らすための本
同性パートナーとのライフプランと法的書面

2015年9月30日　初版印刷
2015年10月25日　初版発行

著　　　者　永易至文
イラスト　田中昭全
装　　　丁　新藤岳史
発　行　者　北山理子
発　行　所　株式会社太郎次郎社エディタス
　　　　　　東京都文京区本郷3-4-3-8F　〒113-0033
　　　　　　電話 03-3815-0605
　　　　　　FAX 03-3815-0698
　　　　　　http://www.tarojiro.co.jp/
　　　　　　電子メール tarojiro@tarojiro.co.jp
印刷・製本　シナノ書籍印刷

定価はカバーに表示してあります
ISBN978-4-8118-0785-0　C0036
©Nagayasu shibun, Tanaka akiyoshi 2015, Printed in Japan

本のご案内

にじ色ライフプランニング入門
ゲイのFPが語る〈暮らし・お金・老後〉
【オンデマンド版】
　　　　　　　　　　　　　　　　　　永易至文 著

同性愛者のライフプランは「男女夫婦・子どもあり」とはちょっと違う。持ち家と貸家どっち？　老親どうする？　臨終の立ち会いや相続は？ そんな疑問に答えます。シングルや非法律婚カップルにも。
[発行：にじ色ライフプランニング情報センター]　●A5判・1600円＋税

カミングアウト・レターズ
子どもと親、生徒と教師の往復書簡　　RYOJI・砂川秀樹 編

ゲイ／レズビアンの若者から親へ。生徒から教師へ。カミングアウトの手紙とその返信集。18歳〜82歳までの家族の物語が綴られる。初めてうちあける子どもの思い。母親の驚き、葛藤、そして受容。同性愛の子をもつ親の座談も収録。●四六判・1700円＋税

ゲイのボクから伝えたい
「好き」の？（ハテナ）がわかる本
みんなが知らないLGBT　　　　　　　　石川大我 著

「カラダの性」「ココロの性」「スキになる性」は人それぞれ。その組み合わせは、たーくさんある！　30人に1人ともいわれるLGBT（レズビアン・ゲイ・バイセクシュアル・トランスジェンダー）について、当事者と周囲が知っておきたい基礎知識。●四六判・1000円＋税

新宿二丁目の文化人類学
ゲイ・コミュニティから都市をまなざす　　　砂川秀樹 著

多くのゲイバーが集まり、LGBTの「故郷」とも称される新宿二丁目。この街に生起する人びとの関係を、ていねいで鋭い観察により、生活世界として描きだす。セクシュアリティ研究、都市論、歴史学の領域を交差させたパイオニア的研究。●四六判・3000円＋税

もしもに備える
伝言ノート

A

B

年　　月　記入

私の基本情報

名前		（　　年　　月　　日生／血液型：　　）
現住所		
本籍地		戸籍筆頭者
実家連絡先	名前　　　　　　　続柄　　　　　電話	
勤務先	名称　　　　　　　　　　　　　　電話	

※本籍地は、戸籍謄本などを取得するときに必要です。本籍地の役場へ請求します。

私の親族図

※おい・めいあたりまでを目安に書いてみましょう。生存者と故人がわかるように書きましょう。
※緊急時に連絡してほしい親族のそばに、電話番号を書いておきましょう。また、カミングアウトしている相手は、四角で囲んでみましょう。この図を使ってパートナーなどに説明しておきましょう。
※あなたが亡くなったとき、遺言などがない場合、相続人になる人を確認しましょう。

パートナー B の情報

名前	（電話　　　　　　　　　　　　）
交際開始年	年

※くわしいことは、Bの「私の基本情報」を参照します。

入院時や万一のときに連絡する人・団体 （パートナー、親族、勤務先以外）

名前	電話番号	どんな関係の人か（備考）

万一のときに連絡してほしくない人

名前	理由、関係など（参考までに）

A 財産の覚えとその万一時の整理 （万一時の財産探索の参考とするものです　ここに書いたことは遺言としての効力はありません）

預貯金　※休眠口座は整理していきましょう

銀行・支店名	種別（普通・定期）、名義	どのように処分したいか

不動産　※登記は所在地を管轄する法務局でとれます

概要	所在地	どのように処分したいか

債券類　※株式、投資信託、国債や社債など

名称など	取扱い会社、連絡先など	どのように処分したいか

現在加入の社会保険

	名称	問い合わせ先
公的年金		
公的医療保険		

保険

保険会社	保険名	保険証書番号

自動車、資産価値のあるもの、貸し金や敷金など

品名など	担当者(いれば)・連絡先など	どのように処分したいか

債務・ローン

債務名	借り先、連絡先、残高、返済方法など

☐ 以上の通帳、証書、実印などの保管場所を定め、それをつぎに記す者に教えている。　☞ _____

そのほか、万一のときに関する覚え

銀行カード、クレジットカード類 ※万一時、止める必要のあるもの

カード名	連絡先	カード名	連絡先

固定電話・携帯電話

機種・電話会社	電話番号	機種・電話会社	電話番号

パソコン

どのパソコン？	ID	パスワード

SNSなど

SNS名	ID	パスワード	処理
			☐ 削除してほしい
			☐ 削除してほしい
			☐ 削除してほしい
			☐ 削除してほしい
			☐ 削除してほしい

葬儀やお墓、ペットなどについての希望・メモ

☐ 献体登録をしている　☞ 連絡先 _____

☐ 臓器移植カードあり

医療に関する私の意思表示書

　　_____に関し、医療者に下記のことを要請する。

☐ 私が意思表示できないとき、主治医その他の医療関係者は、上記の者に私の心身の状態につき十分な説明をするとともに、集中治療室および病室へ入室させて私を看護することを許可してください。

☐ 前項の場合において、主治医その他の医療関係者は、上記の者に私の治療方法、治療場所などについて説明をし、今後の治療方針等について緊密に連携して対応してください。

☐ その他

_____

　　　　　　　　　　　　　　　年　　　月　　　日

　　　　　氏名_____印

※冒頭に許可したい人の名前を記入し、許可する項目にそれぞれチェックを入れ、自署・押印します。
※万一時には、上記の許可された人はこのページを医療者に示し、相手との面会や説明を求めてください。

B 私の基本情報

名前	（　　　年　　月　　日生／血液型：　　）
現住所	
本籍地	戸籍筆頭者
実家連絡先	名前　　　　　　続柄　　　　電話
勤務先	名称　　　　　　　　　　　電話

※本籍地は、戸籍謄本などを取得するときに必要です。本籍地の役場へ請求します。

私の親族図

※おい・めいあたりまでを目安に書いてみましょう。生存者と故人がわかるように書きましょう。
※緊急時に連絡してほしい親族のそばに、電話番号を書いておきましょう。また、カミングアウトしている相手は、四角で囲んでみましょう。この図を使ってパートナーなどに説明しておきましょう。
※あなたが亡くなったとき、遺言などがない場合、相続人になる人を確認しましょう。

パートナー A の情報

名前	（電話　　　　　　　　　　　　　　）
交際開始年	年

※くわしいことは、Aの「私の基本情報」を参照します。

入院時や万一のときに連絡する人・団体 （パートナー、親族、勤務先以外）

名前	電話番号	どんな関係の人か（備考）

万一のときに連絡してほしくない人

名前	理由、関係など（参考までに）

B 財産の覚えとその万一時の整理

（万一時の財産探索の参考とするものです
ここに書いたことは遺言としての効力はありません）

預貯金　※休眠口座は整理していきましょう

銀行・支店名	種別（普通・定期）、名義	どのように処分したいか

不動産　※登記は所在地を管轄する法務局でとれます

概要	所在地	どのように処分したいか

債券類　※株式、投資信託、国債や社債など

名称など	取扱い会社、連絡先など	どのように処分したいか

現在加入の社会保険

	名称	問い合わせ先
公的年金		
公的医療保険		

保険

保険会社	保険名	保険証書番号

自動車、資産価値のあるもの、貸し金や敷金など

品名など	担当者(いれば)・連絡先など	どのように処分したいか

債務・ローン

債務名	借り先、連絡先、残高、返済方法など

☐ 以上の通帳、証書、実印などの保管場所を定め、それをつぎに記す者に教えている。　☞ _____

B そのほか、万一のときに関する覚え

銀行カード、クレジットカード類 ※万一時、止める必要のあるもの

カード名	連絡先	カード名	連絡先

固定電話・携帯電話

機種・電話会社	電話番号	機種・電話会社	電話番号

パソコン

どのパソコン？	ID	パスワード

SNSなど

SNS名	ID	パスワード	処理
			☐ 削除してほしい
			☐ 削除してほしい
			☐ 削除してほしい
			☐ 削除してほしい
			☐ 削除してほしい

葬儀やお墓、ペットなどについての希望・メモ

☐ 献体登録をしている ☞ 連絡先 _____

☐ 臓器移植カードあり

医療に関する私の意思表示書

_____に関し、医療者に下記のことを要請する。

☐ 私が意思表示できないとき、主治医その他の医療関係者は、上記の者に私の心身の状態につき十分な説明をするとともに、集中治療室および病室へ入室させて私を看護することを許可してください。

☐ 前項の場合において、主治医その他の医療関係者は、上記の者に私の治療方法、治療場所などについて説明をし、今後の治療方針等について緊密に連携して対応してください。

☐ その他

_____

　　　　　　　　　　　　　　　年　　　　月　　　　日

　　　　　　　氏名_____印

※冒頭に許可したい人の名前を記入し、許可する項目にそれぞれチェックを入れ、自署・押印します。
※万一時には、上記の許可された人はこのページを医療者に示し、相手との面会や説明を求めてください。

永易至文

ふたりで安心して
最後まで暮らすための本

同性パートナーとのライフプランと法的書面

太郎次郎社エディタス 〒113-0033 東京都文京区本郷3-4-3-8F ☎03-3815-0605